■ 浙江省科技计划软科学重点项目（批准号：20
■ 浙江省哲学社会科学一般项目（批准号：14NI
■ 浙江省一流学科应用经济学建设资金资助

# 新型城镇化与新农村建设
# 协调发展研究

李杰义 / 著

电子科技大学出版社

图书在版编目（CIP）数据

新型城镇化与新农村建设协调发展研究 / 李杰义著.
一成都：电子科技大学出版社，2016.6
ISBN 978-7-5647-3700-9

Ⅰ.①新… Ⅱ.①李… Ⅲ.①城市化—研究—浙江省
②农村—社会主义建设—研究—浙江省 Ⅳ.
①F299.275.5②F327.55

中国版本图书馆 CIP 数据核字（2016）第 128834 号

## 内 容 简 介

　　本书运用新型城镇化、新农村建设、城乡一体化、城镇化、小城镇以及中心镇等研究成果，通过对浙江典型中心镇开展实地调查研究，揭示新型城镇化和新农村建设协调发展的内在机理、动力机制、实现路径和模式，为制定符合我国实际的新型城镇化和新农村建设决策提供参考。全书共 20 章，每一章内容主要包括问题提出、理论回顾、案例研究或实证分析、研究小结以及政策启示。书中涵盖了有助于促进新型城镇化与新农村建设协调发展的内容，包括：新型城镇化与新农村建设协调推进机制的理论基础，新型城镇化与新农村建设互动发展水平测度，中心镇支撑新型城镇化与新农村建设协调发展的动力机制、发展模式以及协调推进我国新型城镇化与新农村建设的调控机制与对策建议。

浙江省科技计划软科学重点项目（批准号：2015C25021）资助
浙江省哲学社会科学一般项目（批准号：14NDYD17YB）资助
浙江省一流学科应用经济学建设资金资助

### 新型城镇化与新农村建设协调发展研究

#### 李杰义　著

出　　版：电子科技大学出版社（成都市一环路东一段 159 号电子信息产业大厦　邮编：610051）
策划编辑：谢晓辉
责任编辑：谢晓辉
主　　页：www.uestcp.com.cn
电子邮箱：uestcp@uestcp.com.cn
发　　行：新华书店经销
印　　刷：四川煤田地质制图印刷厂
成品尺寸：185 mm×260 mm　　　　印张 9　　字数 220 千
版　　次：2016 年 6 月第一版
印　　次：2016 年 6 月第一次印刷
书　　号：ISBN 978-7-5647-3700-9
定　　价：32.00 元

# 作 者 简 介

李杰义，男，湖南郴州市人，1972 年 11 月生。浙江师范大学经济与管理学院副教授、中青年骨干教师、博士、博士后、硕士生（含 MBA）导师，浙江省"新世纪 151 人才工程"第三层次培养人员。主要研究领域为应用经济和工商管理。主持纵向项目 10 余项，其中国家级项目 2 项、省部级项目 8 项；主持各级政府和企事业单位横向课题 5 项。在 CSSCI、SSCI 源刊发表论文 30 余篇，出版专著 1 部，主编教材 1 部。

# 前　言

党的十八大是在中国特色社会主义建设发展的关键时期，召开的一次具有划时代意义的重要会议。党的十八大报告以高度凝练的语言，准确、深刻而又鲜明地向世人阐述了关乎党和国家前途命运的一系列重大理论和实践问题。报告进一步明确了科学发展观的历史定位，实现了党的指导思想的再一次与时俱进，提出了中国特色社会主义事业"五位一体"的总体布局，从五个方面明确了全面建成小康社会的目标要求，体现了中国共产党建设中国特色社会主义坚定的道路自信、理论自信和制度自信，通篇闪耀着马克思主义的思想光辉。深入学习、宣传、贯彻、落实十八大精神，是我们当前和今后一个时期首要的政治任务。通过学习必将使我们在理论上更加清晰，思想上更加成熟，政治上更加坚定。

党的十八大报告明确提出，坚持走中国特色新型工业化、信息化、城镇化、农业现代化道路，推动信息化和工业化深度融合、工业化和城镇化良性互动、城镇化和农业现代化相互协调，促进工业化、信息化、城镇化、农业现代化同步发展。强调必须以改善需求结构，优化产业结构，促进区域协调发展，推进城镇化建设为重点，着力解决制约经济持续健康发展的重大结构性问题。十八大报告进一步指出，推进中国特色的城镇化道路，要科学规划城市群规模和布局，增强中小城市和小城镇产业发展、公共服务、吸纳就业、人口集聚功能。加快完善城乡一体化体制机制，着力在城乡规划、基础设施、公共服务等方面推进一体化。党的十八大召开之后，新一届领导人将"城镇化"作为推动今后我国经济社会发展的重要引擎。国务院总理李克强多次强调，中国要依靠改革实现没有水分的真正发展，而城镇化是发展最大的潜力。在推进新型城镇化与新农村建设的进程中，中心镇建设将扮演着重要角色。

然而，现有的理论研究仍存在以下几个方面的不足。首先，多数研究虽然对新型城镇化和新农村建设二者进行了深入的专门研究，但对两者的协调推进过程及其机理的研究较为缺乏，更缺乏从动态视角关注和分析二者协调推进的对策。其次，虽然有部分研究开始关注到城镇化和新农村建设可能存在的相互影响关系，但多数研究往往重视研究二者之间存在的关系形态，而没有找到一个双向联结新型城镇化和新农村建设互动的战略节点。本书基于中心镇的研究视角，试图找寻这样的战略节点，并在此基础上对新型城镇化与新农村建设二者互动的机理和对策进行实证分析。再次，现有有关中心镇的研究主要从中心镇本身的改革、发展角度进行单维度研究，而缺少将中心镇放在"对上解决大城市城市病（从而承接新型城镇化的政策优惠）、对下延伸城市公共服务和辐射带动新农村建设（从而有效整合新农村建设的政策支持）"的统筹新型城镇化和新农村协调推进的大视角下进行研究，因而相关研究的理论成果和政策建议往往只适用于特定中心镇，从而未能很好地揭示中心镇承接、促进新型城镇化和新农村建设协调推进的普遍性与特性相结合的协调互动机制、路径和模式及其对策。

基于此，本书依据"理论回顾→理论建构→案例与实证研究→系统研究→实践应用"这一标准的研究范式，运用新型城镇化、新农村建设、城乡一体化、城镇化、小城镇以及中心镇等研究成果，在搜集、分析大量国内外资料和开展实地调查研究的基础上，通过定性与定量相结合、系统研究与重点研究相结合、理论研究与实证分析相结合以及比较筛选，揭示新型城镇化和新农村建设协调互动的内在机理和实现条件，为制定符合我国实际的新型城镇化和新农村建设的决策提供参考。本书包括如下五个方面的主要内容：（1）通过对有关新型城镇化、新农村建设、城乡一体化、城镇化、小城镇以及中心镇等方面的研究成果进行梳理，确立新型城镇化与新农村建设协调推进机制的理论基础；（2）从浙江 200 个省级中心镇中选取典型中心镇进行实地调研，通过案例研究与实证研究，测度案例中心镇新型城镇化与新农村建设互动的发展水平，揭示中心镇支撑新型城镇化与新农村建设二者协调发展的区域差异；（3）通过理论分析、实地调查访谈与多案例分析，建立二者协调互动的正向反馈机理模型，并利用浙江中心镇案例数据进行案例研究与实证研究，揭示中心镇支撑二者互动的内在机理、动力机制与路径；（4）基于从浙江 200 个省级中心镇中选取的典型中心镇的调查数据，研究新型城镇化与新农村建设协调互动的中心镇产业集聚发展模式、辐射带动新农村建设模式；（5）有针对性地提出推进我国新型城镇化与新农村建设协调互动的调控机制与现实对策，从而为基于中心镇改革发展推进我国新型城镇化与新农村建设协调提出政策启示。

　　本书的顺利出版得益于浙江省科技计划软科学重点项目（批准号：2015C25021）、浙江省哲学社会科学一般项目（批准号：14NDYD17YB）和浙江省一流学科应用经济学建设资金的资助，得益于电子科技大学出版社的诸位老师，特别是谢晓辉老师，她为本书的质量倾注了大量的时间和精力，在此深表感谢！由衷地感谢一直给予我支持的浙江师范大学经济与管理学院、人事处、科学研究院的领导，真诚地感谢国家社科基金项目（11BJY048）研究团队给予的帮助与支持。江宋钗、卢旭佩、汪倩、胡媛媛和陆炜参与了第二十章的调查研究，谷晗、周倩和周丹丹等都是我学术工作的得力助手，一并表示感谢。本书是我多年区域经济研究的一个阶段性总结，希望本书能够时刻提醒和勉励我在今后学术研究中更加认真踏实、勤奋坚韧。

李杰义

2016 年 4 月

# 目　录

## 机 制 篇

路　径　篇

# 第一章　绪　论

## 第一节　实　践　背　景

我国经济体制改革正处于城乡整体改革的重要时期，新型城镇化和新农村建设协调推进是我国在新形势下推进城乡统筹的重要战略决策。从浙江省来看，2006 年，浙江在全国率先提出并实施新型城镇化战略，大力推进中心镇改革发展和中心村建设。到 2010 年，浙江城镇化水平达到 59%，居各省区前列。"十三五"时期是浙江加快突破城乡二元结构、加速城乡融合发展的重要时期，如何通过协调推进新型城镇化和新农村建设，实现城乡一体化，是浙江省加速推进城乡融合发展中面临的重大战略问题。与此同时，浙江中心镇作为小城镇建设和发展的最新空间形态、作为新型城镇化和城乡一体化的战略节点、作为现代产业体系建设和区域经济发展的生长点、作为城乡基础设施建设和推进公共服务均等化发展的着力点，将日益成为浙江省促进新型城镇化与新农村建设的重要桥梁、战略节点及二者协调推进的重要枢纽。

在此背景下，基于中心镇的视角，研究新型城镇化与新农村建设协调推进机理引人关注。在浙江 200 个省级中心镇推进城乡统筹与城乡一体化的实践中，有着新型城镇化和新农村建设之间协调推进的成功实践，但与此同时二者之间的非协调互动关系也偶有发现。诸如此类的现实向我们提出这样一些问题：怎样推进新型城镇化和新农村建设之间协调发展？互动关系的建立和发展需要满足哪些条件？二者协调互动的内在机理如何？如何完善二者的互动关系？因此，深入研究推进新型城镇化和新农村建设之间协调发展的机理以及协调发展关系的实现条件，提出推进新型城镇化和新农村建设及两者协调发展的新思路、新方法与新路径，对于进一步促进中心镇切实发挥统筹新型城镇化和新农村建设协同发展的战略性节点作用，对于加快实现城乡统筹发展与城乡一体化，具有重要的现实意义。

## 第二节　理　论　意　义

城乡关系与城镇化的研究可以追溯到刘易斯（Lewis，1954）提出了二元结构理论，托达罗（Todro，1970）在刘易斯理论的基础上提出了农村的综合发展与综合建设理论，托达罗之后的许多经济学家都强调了工农、城乡关之间相互强化的关系[1]。20 世纪 80 年代以来，国内学者对中国城市化选择道路的讨论形成了两派："小城镇论"以费孝通（1984）为代表[2]；而"大城市论"以樊纲（2003）等为代表[3]。近年来，区域网络化发

展和新型城镇化（new-type urbanization）的研究代表了城镇化（urbanization）研究的最新方向，蔡昉（2003）、顾益康（2003）和洪银兴（2007）等提出了城乡统筹和新型城镇化的内容[4]。近年来，有关新型城镇化与新农村建设（new countryside construction）互动关系的相关研究大多是在我国"三农"问题日益突出的大背景下展开的。林毅夫（2006）认为新型城镇化与新农村建设是相辅相成的，陈锡文（2007）也强调新农村建设对城镇化的作用[5]。李志强和雷海章（2006）运用模糊数学方法对中东部地区各省（市）新农村建设和城镇化协调发展水平进行了比较分析，郑新立（2006）研究了新农村建设与新型城镇化协调推进的对策。陈鸿彬（2007）提出了新农村建设和城镇化协调发展定量评价性指标体系及二者协调发展的定量评价差异系数和计算方法。

综观文献，国内外有关中心镇的研究集中于城乡融合发展模式和城市群的相关研究（Friedmann & Douglass，1981；McGee，1989；Venables，1996；Poncet，2005）[6-8]。国内学术界有关中心镇改革与发展的相关研究源于对小城镇理论和统筹城乡模式的研究。国内学者普遍认为，如何实现大中小城市与城镇、城市与农村有机互动是城乡共同发展的重要问题，中心镇是新型城镇化、新农村建设的战略节点和互动枢纽。晏群（2008）和胡厚国（2008）认为中心镇是某一地区中周围若干个乡镇的中心，在周围地区中相比较而言其经济实力较强。袁中金等（2004）通过对我国1663个中心镇的统计分析表明，人口规模超过5万人的中心镇可以对周边若干镇的经济社会发展起到明显的带动作用[9]。杨宏翔（2007）认为，当前我国中心镇发展面临的问题有：规模偏小，缺乏特色，规划缺乏稳定性和连续性，产业与配套设施存在矛盾，经济发展与特色资源保护存在矛盾，资金、土地紧缺等[10]。

上述研究，对推动城乡统筹、新型城镇化、新农村建设和中心镇发展都是十分有益的。多数研究虽然对新型城镇化和新农村建设二者进行了深入的专门研究，但从动态视角关注和分析促进新型城镇化与新农村建设协调互动发展过程、机理与对策的研究较少；虽然有部分研究开始关注到城镇化和新农村建设可能存在的相互影响关系，但缺乏统一的理论框架，案例研究和实证研究也很薄弱。在我国城乡整体改革的重要时期，基于浙江200个省级典型中心镇的调查分析，研究推进我国新型城镇化和新农村建设协调发展的动力模式与实现路径，提出基于中心镇发展的新型城镇化和新农村建设协调推进的政策路径，有助于推进我国新型城镇化、新农村建设与"三农"改革的实践。

## 第三节　研究框架构思

本书依据"理论回顾→理论建构→案例与实证研究→系统研究→实践应用"这一标准的研究范式，运用新型城镇化、新农村建设、城乡一体化、城镇化、小城镇以及中心镇等研究成果，在搜集、分析大量国内外资料和开展实地调查研究的基础上，通过定性与定量相结合、系统研究与重点研究相结合、理论研究与实证分析相结合以及比较筛选，运用统计学的研究方法，揭示新型城镇化和新农村建设协调互动的内在机理和实现条件，为制定符合我国实际的新型城镇化和新农村建设决策提供参考。本书包括如下五个方面的主要内容。

## 一、城乡关系与城镇化的基本理论研究

以往研究大都分别从中心镇对促进农村经济发展的重要作用或对转移大城市发展压力的角度进行分析,而本书提出深入研究中心镇对支撑新型城镇化与新农村建设协调互动发展的特殊意义、实现路径及条件。研究重点是:通过对有关新型城镇化、新农村建设、城乡一体化、城镇化、小城镇以及中心镇等方面的研究成果进行梳理,确立新型城镇化与新农村建设协调推进机制的理论基础。

## 二、新型城镇化与新农村建设互动的发展水平测度和趋势分析

中心镇是新型城镇化与新农村建设的战略节点,是现代产业体系建设和区域经济发展的生长点,是城乡基础设施建设和推进公共服务均等化发展的着力点,将在城乡统筹中发挥不可替代的战略性节点作用,将日益成为统筹新型城镇化与新农村建设的重要桥梁、战略节点和重要枢纽。浙江省的新型城镇化、新农村建设、中心镇建设在全国具有一定的典型示范意义,以浙江省中心镇为研究样本的研究成果,对全国协调推进新型城镇化与新农村建设也将产生重要的启示意义和参考价值。研究重点是:通过从浙江 200 个省级中心镇中选取典型中心镇进行实地调研;通过案例研究与实证研究,测度案例中心镇新型城镇化与新农村建设互动的发展水平;通过对不同类型的典型中心镇进行深度调查访谈与跨案例比较分析,对我国中心镇支撑新型城镇化与新农村建设互动发展水平进行评价和聚类分析,揭示中心镇支撑新型城镇化与新农村建设二者协调发展的区域差异。

## 三、新型城镇化与新农村建设协调推进的动力机制和路径研究

新型城镇化与新农村建设互动过程中的正向反馈机理,决定了二者的"协调互动"与"不协调互动"状态。不同中心镇在城乡统筹发展中具有不同的历史地位、动力机制、影响因素,因此二者的协调推进具有十分明显的历史阶段性、区域差异性和空间规律。研究重点是:通过理论分析、实地调查访谈与多案例分析,建立二者协调互动的正向反馈机理模型;利用浙江中心镇案例数据进行案例研究与实证研究,揭示中心镇支撑二者协调发展的内在机理、动力机制与路径,并揭示实现这些路径转化的条件。

## 四、新型城镇化与新农村建设协调推进的模式研究

探索形成与各地实际相符合的中心镇产业、新型产业业态、公共资源等整合方式以及重组模式,是中心镇发挥协调推进新型城镇化与新农村建设作用的有效途径。研究重点是:通过从浙江 200 个省级中心镇中选取的典型中心镇调查数据,研究我国新型城镇化与新农村建设协调互动的中心镇产业集聚发展模式、辐射带动新农村建设模式,揭示二者协调发展的产业集聚、要素集约、城乡扩散模式特征。

## 五、协调推进我国新型城镇化与新农村建设的对策研究

分析中心镇作为支撑新型城镇化与新农村建设二者互动的战略节点的内涵、定位、目标及表现方式，揭示二者协调推进的实施条件、影响因素及其实现机制、技术路径以及模式，有助于区域政府做出科学决策。研究重点是：利用以上研究成果，有针对性地提出推进我国新型城镇化与新农村建设协调互动的调控机制与现实对策，从而也为基于中心镇改革发展推进我国新型城镇化与新农村建设协调提出政策启示。

## 第四节　本 章 小 结

以往研究多分别从中心镇对促进农村经济发展的重要作用或对转移大城市发展压力的角度进行分析，本书试图深入研究中心镇对支撑新型城镇化与新农村建设协调互动发展的特殊意义、实现路径及条件，是从两端分向研究转向了两端融合的理论实证研究。以往研究主要运用静态研究范式分析小城镇（中心镇）发展，而空间历史演化因素很少进入分析视野。然而，中心镇是一个复杂系统，其发展具有十分明显的阶段性特征。因此，复杂系统理论和历史比较分析方法有利于深入揭示中心镇支撑新型城镇化与新农村建设互动发展的基本规律、机制及路径。与以往研究相比，本书试图基于中心镇的视角研究如何通过协调推进新型城镇化与新农村建设，实现城乡统筹发展，有助于区域政府做出科学决策。

**注释**

[1] 杨俊青. 西方古典与新古典学派的二元经济理论评析[J]. 山西财经大学学报（高等教育版），2005，（3）：61-66

[2] 费孝通. 小城镇再探索[N]. 新华日报，1984 年 5 月 2 日第 4 版

[3] 樊纲. 加快城市化进程的步伐，促进国民经济稳步发展[N]. 中国经济信息，2003

[4] 蔡昉. 城乡收入差距与制度变革的临界点[J]. 中国社会科学，2003，（5）：16-26

[5] 陈锡文. 关于建设社会主义新农村的若干问题[J]. 理论前沿，2007，（1）：5-11

[6] McGee，T. G. The emergence of megaurban regions in Asia：A research proposal[Z]，University of British Colombia（Unpublished Manuscript），1989：125-156

[7] Venables，A.. equilibrium locations of vertically linked industries[J]. International Economic Review，1996，37（2）：341-359

[8] Poncet，Sandra.. A fragmented China：Measure and determinants of Chinese domestic market disintegration[J]. Review of International Economics，2005，（13）：409-30

[9] 袁中金，刘君德. 中国中心镇镇区人口规模研究[J]. 城市规划，2004，（6）：56-59

[10] 杨宏翔. 中心镇：新农村建设的发展极[J]. 广西社会科学，2007，（11）：5-8

# 基 础 篇

# 第二章　理 论 回 顾

## 第一节　城乡关系与城乡一体化的研究现状

城乡关系自城市的出现而产生，城乡关系的研究可以追溯刘易斯提出了二元结构理论[1]。有关城乡关系与城镇化的经典理论或模型还包括缪尔达尔（Myrdal，1974）的"累积性因果循环"效应理论[2]、赫希曼（Hirschman，1958）的"核心区—边缘区"理论[3]、霍华德（Howard，1898）提出了田园城市（garden city）的理论[4]、麦基（McGee，1989）的"Desakota"模型[5]。萨特思韦特（Satterthwaite，2003）强调中小城镇在乡村和区域发展以及缓解贫困中的作用，提出了"城乡连续体（rural-urban continuum）"的概念。

国内学术界的相关研究集中在城乡统筹与城镇化、新型城镇化协调发展方面的研究，在对我国城乡关系现状进行分析的基础上，许多学者提出了改善我国城乡关系、实现城乡一体化的路径或措施。中国城市化选择道路之争形成了"小城镇论"与"大城市论"两派："小城镇论"以费孝通（1984）为代表[6]；"大城市论"者以樊纲（2003）等为代表[7]。洪银兴（2007）从宏观背景的角度说明了城乡协调发展的必要性[8]。顾益康（2003）认为，城乡统筹就是要促进城乡分割的传统"二元经济社会结构"向城乡一体化的现代"一元经济社会结构"转变[9]。蔡昉（2003）将中国的城乡收入差距纳入制度经济学的分析框架，考察了城乡收入差距变化的几个临界点[10]。陈建军、陈国亮、崔春梅（2010）等认为，在"十二五"期间，浙江首先要将杭州都市圈打造为浙江经济的增长极，将杭州打造成为国际高端要素的集聚中心[11]。近年来，新型城市化道路[董嘉明、庞

亚君、王琳，（2008）]的提法代表了城市化的最新方向，他们认为新型城市化包含了经济集约发展、社会和谐发展、环境友好发展、功能优化发展、城乡统筹发展的内容[12]；刘亭（2009）提出，浙江等沿海发达地区应该走大中小城市和小城镇协调发展，城乡一体化的新型城市化之路[13]。

## 第二节　新型城镇化与新农村建设互动关系的研究现状

城乡之间的联系是客观存在的，有关新型城镇化与新农村建设的研究源于城乡关系的研究成果。刘易斯的二元经济结构理论，拉尼斯·费景汉、托达罗模型在刘易斯模型的基础上，对工业化过程中的农业发展进行了研究。托达罗模型提出的农村的综合发展与综合建设、Hayami 提出了基于农村的发展战略以及中国的三元结构理论，为新农村建设提供了思想上的启蒙和理论上的支持。而托达罗之后的经济学家，将农业与工业、农村与城市的协调发展作为目标[14]。

国内学术界对于新型城镇化与新农村建设互动关系的研究是在我国"三农"问题日益突出的大背景下展开的。有关新农村建设的研究可以追溯到晏阳初领导的中华平民教育促进会和梁漱溟领导的乡村建设派发起了中国 20 世纪二三十年代乡村建设运动。周天勇（2001）指出，托达罗模型不符合二元结构转换的实践[15]；陆学艺（2001）认为，推进新农村建设就是要打破城乡二元结构体制，实现城乡一体化。中央在十六届五中全会上提出了新农村建设的五条建设标准：生产发展、生活宽裕、乡风文明、村容整洁和管理民主。一些学者就社会主义新农村建设也提出了各类宏观指导性的观点，其核心是要突破城乡二元结构体制。顾益康（2006）认为，城市和乡村应当是一个整体，统筹城乡发展是全面推进社会主义新农村建设的重大举措[16]。

林毅夫（2006）认为，新型城市化与新农村建设相辅相成，新农村建设为新型城市化道路提供必要准备[17]。王发明和蔡宁（2008）针对浙江工业经济可持续发展存在的问题，并提出了推进环境、经济与社会三者协调发展的对策措施[18]。陈锡文（2007）强调新农村建设对城镇化的作用[19]。谢慧明和沈满洪（2011）通过实证研究表明，生态补偿机制和排污权有偿使用和交易制度是生态经济化的主导性制度安排[20]。刘洁（2007）指出，应依靠城市工业化和城市化，推进新农村建设和新型城市化协调发展[21]。陈鸿彬（2007）提出新农村建设和城镇化协调发展定量评价性指标体系的 4 个子系统，并设计出新农村建设和城镇化协调发展定量评价的差异系数和计算方法[22]。李志强和雷海章（2006）运用模糊数学方法，对中东部地区各省（市）新农村建设和城镇化协调发展水平进行了比较分析[23]。郑新立（2006）研究了新农村建设与新型城市化协调推进的对策[24]。

## 第三节　中心镇改革与发展的研究现状

国外关于中心镇发展的相关理论研究很少，相近研究主要集中于城市群的相关理论探讨（Friedmann，1986；Kunzmanr & Wegener，1991；Venables，1996；Poncet，2005）[25, 26]。国内有关中心镇的研究源于对原有小城镇理论的丰富和发展，发展县城经济和中心城镇成为较为流行的理论主张。学者通过研究我国沿海发达地区的新型城市化道路，认为如何实现大中小城市与城镇、城市与农村有机互动，是城乡共同发展的重要问题。大多数学者认为，中心镇是新型城镇化和新农村建设城乡一体化的战略节点和互动枢纽。

近年来，国内对中心镇的研究不断增多。晏群[27]（2008）和胡厚国[28]（2008）从"地理—功能"视角认为中心镇属地理概念，是某一地区中周围若干个乡镇的中心，地理位置相对居中，在一个较长的时期内具有相对的稳定性，在周围地区中相比较而言其经济实力较强。林华桂（2008）把中心镇分为：大城市近郊的中心镇、经济发达及城镇密集区的中心镇、中西部农业地区的中心镇、作为物资集散地的中心镇、为能源工业或其他重工业配套的中心镇、具有历史文化特色和自然风光的中心镇等[29]。袁中金等（2004）对我国 17 个省的 1663 个中心镇进行了统计分析，结果表明：人口规模越大，贫困人口比重越低，即当中心镇区人口规模超过 1 万人时，贫困人口比重低于全国平均水平；大于 2 万人时，城镇化进入加速发展阶段；大于 3 万人时，外来人口比重增加极为明显；超过 5 万人时，则可以对周边若干镇的经济和社会发展起到明显的带动作用[30]。杨宏翔[31]（2007）和马骁[32]（2008）认为，当前我国中心镇发展面临的问题有：规模偏小，规划缺乏稳定性和连续性，基础设施薄弱和配套功能不全，行政管理体制不顺，缺乏特色，产业与配套设施存在矛盾，经济发展与特色资源保护存在矛盾，资金、土地紧缺等。

## 第四节　现有研究评述

综上所述，国内外学者从不同角度对本书的相关主题进行了深入研究，这对丰富现有理论体系研究理论及推动新型城镇化、新农村建设以及中心镇发展都是十分有益的。但上述研究仍存在以下几个方面的不足。

首先，新型城镇化是实现资源节约、环境友好、经济高效、社会和谐、大中小城市和小城镇协调发展、城乡互促共进的城镇化发展道路（胡际权，2007），社会主义新农村是一个经济、政治、文化和社会建设四位一体的综合概念（韩俊，2006）。多数研究虽然对新型城镇化和新农村建设二者进行了深入的专门研究，但对两者的协调推进过程及其机理的研究相对缺乏，更缺乏从动态视角关注和分析促进两者协调推进的对策。

其次，虽然有部分研究开始关注到城镇化和新农村建设可能存在的相互影响关系，但多数研究往往重视研究两者之间存在的关系形态，而没有找到一个中介点用于双向联结新型城镇化和新农村建设互动的战略节点或阵地。本书基于中心镇的研究视角，就是试图找寻这样的战略节点，并在此基础行对两者互动的机理和对策进行实证分析。

再次，单独从现有有关中心镇的研究来看，多数研究主要从中心镇本身的改革、发展角度进行单维度研究，而缺少将中心镇放在"对上解决大城市城市病（从而承接新型城镇化的政策优惠）、对下延伸城市公共服务和辐射带动新农村建设（从而有效整合新农村建设的政策支持）"的统筹新型城镇化和新农村协调推进的大视角下进行研究。因

而，相关研究的理论成果和政策建议往往只适用于特定中心镇，从而未能很好地揭示中心镇承接、促进新型城镇化和新农村建设协调推进的普遍性与特性相结合的互动机制、路径和模式及其对策。

## 注释

[1] Fei，C. H.，Ranis，G.，A.. Theory of economic development[J]. American Eeonomic Review，1961（9）：45-78

[2] Myrdal，G. Economic Theory and Undeveloped Regions[M]. Duckworth，1967：134-158

[3] Hirschman，A. O. The Strategy of Economic Development[M]. Yale University Press，1958：212-235

[4]（英）埃比尼泽·霍华德. 明日的田园城市[M]. 金经元译. 北京：商务印书馆，2006：65-89

[5] Mcgee，T. G.. The Emergence of megaurban regions in Asia：A research proposal[M]. University of British Colombia（Unpublished Manuscript），1989：125-156

[6] 费孝通. 小城镇再探索[N]. 新华日报，1984 年 5 月 2 日第 4 版

[7] 樊纲. 加快城市化进程的步伐，促进国民经济稳步发展[N].中国经济信息，2003

[8] 洪银兴. 工业和城市反哺农业、农村的路径研究——长三角地区实践的理论思考[J]. 经济研究，2007，（8）：13-20

[9] 顾益康.统筹城乡经济社会发展加快农村全面小康建设[J].农业经济问题，2003，（4）：9-14

[10] 蔡昉. 城乡收入差距与制度变革的临界点[J]. 中国社会科学，2003，（5）：16-26

[11] 陈建军，陈国亮，崔春梅等. "十二五"期间浙江在长三角区域一体化发展中的战略研究[J]. 江淮论坛，2010，（2）：26

[12] 董嘉明，庞亚君，王琳. 准确把握新型城市化的内涵与特征——浙江新型城市化评价体系研究. www.zjeco.com.cn/zjzz/sanji.asp?id=001371.2008

[13] 刘亭. "十二五"空间结构优化的重点与建议[J]. 政策瞭望，2010，（6）：29-30

[14] 杨俊青. 西方古典与新古典学派的二元经济理论评析——建立适合我国二元经济转换理论的理论扬弃[J]. 山西财经大学学报（高等教育版），2005，（3）：61-66

[15] 周天勇. 托达罗模型的缺陷及其相反的政策含义——中国剩余劳动力转移和就业容量扩张的思路[J]. 经济研究，2001，（3）：76-84

[16] 顾益康. 统筹城乡发展，全面推进社会主义新农村建设[J]. 中国农村经济，2006，（1）：18-20

[17] 林毅夫. 落实社会主义新农村建设的五点建议[J]. 金融经济，2006，（7）：15-16

[18] 王发明，蔡宁. 工业发展与生态建设协调进行的对策研究：以浙江为例[J].工业技术经济，2008，（8）：14-15

[19] 陈锡文. 关于建设社会主义新农村的若干问题[J]. 理论前沿，2007，（1）：5-11

[20] 谢慧明，沈满洪. 生态经济化制度和区域发展协调性[J]. 浙江社会科学，2011（8）：17

[21] 刘洁. "三农"发展是构建社会主义和谐社会的关键[J]. 现代农业，2007，（2）：30-31

[22] 陈鸿彬. 城乡统筹发展定量评价性指标体系的构建[J]. 地域研究与开发，2007，（2）：62-65

[23] 李志强，雷海章. 模糊聚类：中东部地区城乡统筹水平的分类与比较[J]. 农业技术经济，2006，（1）：30-34

[24] 郑新立. 关于社会主义新农村的几个问题[J]. 农业经济问题，2006，（1）：11-16

[25] Venables，A.. Equilibrium locations of vertically linked industries[J]，International Economic Review，1996，37（2）：341-359

[26] Poncet，Sandra.. A fragmented China: Measure and determinants of Chinese domestic market disintegration[J]. Review of International Economics，2005，（13）：409-30

[27] 晏群. 关于"中心镇"的认识[J]. 小城镇建设，2008，（1）：33-34

[28] 胡厚国，徐涛松. 中心镇培育为小城市的途径与对策[J]. 小城镇建设，2008，（1）：29-32

[29] 林华桂. 中心镇规划和建设的实践与思考[J]. 广东科技，2008，（7）：65-67

[30] 袁中金，刘君德. 中国中心镇镇区人口规模研究[J]. 城市规划，2004，（6）：56-59

[31] 杨宏翔. 中心镇：新农村建设的发展极[J]. 广西社会科学，2007，（11）：5-8

[32] 马骁. 中心镇建设存在的主要问题及对策[J]. 小城镇建设，2008，（1）：93-96

# 第三章 新型城镇化与新农村建设
# 协调发展水平测度

实现新型城镇化和社会主义新农村建设的协调推进，是党中央在新形势下为加快缩小城乡差距推进城乡一体化做出的重要战略决策。新型城镇化与新农村建设的最终目的是实现城乡一体化，如何协调推进新型城镇化与新农村建设、实现新型工业化、城镇化、信息化、农业现代化和绿色化协同发展和城乡一体化，是政府部门与学术界关注的热点问题。与此同时，中心镇作为推进城乡一体化的战略节点和区域经济发展的生长点，将日益成为促进新型城镇化与新农村建设的重要战略节点。本章通过构建新型城镇化与新农村建设协调发展测度模型，以及对杭州市 17 个典型中心镇 2006—2009 年相关数据的分析，测度二者发展协调水平，以服务于推进新型城镇化、新农村建设与"三农"改革的实践。

## 第一节 简要的文献回顾

如上所述，城乡偏向发展理论起源于刘易斯（Arthur Lewis，1954）的二元经济理论模型，该模型认为，通过现代工业部门对农业剩余劳动力的吸收可以使发展中国家实现城乡一体化[1]。此理论随后演变成为城市偏向发展理论和农村偏向发展理论，其中城市偏向发展理论以增长极理论为代表[2]，认为消除发展中国家二元结构的关键在于通过城市主导产业的聚集可以带动农村地区经济的增长；农村偏向发展观理论以选择性空间封闭发展理论为代表，认为政府有选择性地培育具有自主成长能力和更高自主权的农村，可以有效地缩小城乡差距[3]。

20 世纪 80 年代以来，城乡偏向发展理论遭到了学者的批评。麦基（McGee，1989）认为 Desakota 模型是城乡一体化推进过程中的必然现象。道格拉斯（Douglass，1998）发展了麦基的 Desakota 模型，认为在城乡关系演变过程中，农村的内在推力主要是通过一系列的"流"与城市的外在辐射扩散力相交合，最终促成城乡一体化目标的实现[4]。由此推论，新型城镇化与新农村建设的互动发展过程是一个动态过程，二者需要协调互动以保持动态平衡，这种平衡与不平衡的情景进而将对城乡一体化产生促进或阻碍作用。

## 第二节 测度模型构建

参考相关文献，通过对城镇化水平评价指标及其权重、农村发展水平评价指标及其权重的设计，构建出城镇经济、社会、生态组合要素综合发展指数 $M$ 与农村经济、社会、生态组合要素综合发展指数 $N$。按照主成分分析法确定各指标的权重[5]，使各指标权重之和等于1，再分别乘以贡献率，从而得到对应指标的权重，记为 $\lambda$。$M$ 和 $N$ 的函数表达式如下：

$$M = \sum_{j=1}\left(\sum_{i=1} x_i a_i\right)\lambda_j \qquad N = \sum_{j=1}\left(\sum_{i=1} y_i b_i\right)\lambda_j$$

为了全面反映新型城镇化与新农村建设的协调程度，构建新型城镇化与新农村建设协调度 $C$ 与新型城镇化与新农村建设协调发展水平综合测度指数 $T$，得到了协调发展水平函数的表达式：

$$C = \left[\frac{M \times N}{\left(\dfrac{M+N}{2}\right)^2}\right]^{u}$$

其中，$C \in [0,1]$，$C=1$ 时为最佳协调状态；$\mu$ 为调节系数（其取值范围为：$\mu \geqslant 2$）。

用 $T$ 表示新型城镇化与新农村建设协调发展水平综合测度指数，反映新型城镇化与新农村建设的综合发展水平，其函数的表达式为：$T = \alpha M + \beta N$（其中，$\alpha$、$\beta$ 为待定权重）。本研究将城镇化协调度和农村发展协调度对二者协调度的影响，作同等重要考虑（取 $\alpha = \beta = 1$）。

综上所述，新型城镇化与新农村建设协调发展水平函数的表达式为：$K = \sqrt{C \times T}$。根据协调水平值的大小，可以把新型城镇化与新农村建设协调发展水平进行分类，见表 3-1。

表 3-1　新型城镇化与新农村建设的协调发展水平类型

| 协调发展类型 | 优质协调发展类 | 中级协调发展类 | 初级协调发展类 | 勉强协调发展类 | 失调衰退类 |
|---|---|---|---|---|---|
| 协调发展水平 | $0.8 \leqslant K \leqslant 1.0$ | $0.6 \leqslant K < 0.8$ | $0.4 \leqslant K < 0.6$ | $0.2 \leqslant K < 0.4$ | $0 \leqslant K < 0.2$ |

## 第三节　浙江省杭州 15 个中心镇的实证分析

纵观文献，新型城镇化与新农村建设的协调状态是维持良性互动关系的关键。本章以浙江省杭州市 17 个中心镇为例，实证分析 17 个中心镇的新型城镇化与新农村建设协调发展水平。2010 年以来，浙江杭州市确立了 27 个中心镇作为推进新型城镇化和新农村建设的重点，本研究选取其中 15 个中心镇作为分析样本。15 个中心镇分布于杭州市所属的 7 个县（市、区），代表了杭州市中心镇的不同区域发展水平及特色，样本具有一定的代表性。

## 一、指标体系构成

新型城镇化与新农村建设协调发展测度因子的确定与新型城镇化与新农村建设发展现状密切相关，综合相关文献，根据浙江省杭州市 17 个中心镇的相关数据，构造出新型城镇化与新农村建设协调发展测度指标体系。评价因子选取经济协调因子、社会协调因子与生态协调因子三个维度，其评价指标及其权重见表 3-2。

表 3-2　杭州市 17 个中心镇新型城镇化和新农村建设协调发展的测度指标

| 评价因子 | 因子权重 | 区域 | 评价指标 | 指标权重 |
|---|---|---|---|---|
| 经济协调 | 0.4632 | 城镇 | 第二、第三产业总产值 | 0.1654 |
| | | | 非农人口比重 | 0.1237 |
| | | 农村 | 农业总产值 | 0.1684 |
| | | | 农业人口比重 | 0.1443 |
| 社会协调 | 0.3075 | 城镇 | 城镇中心医院普及率 | 0.1789 |
| | | | 城镇敬老院普及率 | 0.1654 |
| | | 农村 | 村卫生室普及率 | 0.1732 |
| | | | 农民养老保险参保率 | 0.1845 |
| 生态协调 | 0.2293 | 城镇 | 城镇自来水覆盖率 | 0.1141 |
| | | | 城镇污水处理率 | 0.1248 |
| | | 农村 | 基本农田保护率 | 0.1216 |
| | | | 农村垃圾集中处理率 | 0.1152 |

## 二、结果分析

基于上述模型和测度指标体系，运用 SPSS 等统计软件对杭州市 17 个中心镇 2006—2009 年相关数据进行实证分析，分别得到上述中心镇的新型城镇化和新农村建设协调发展水平结果，并结合表 3-1 将上述中心镇归入相应的协调发展类型（见表 3-3）。

表 3-3　杭州市 17 个中心镇新型城镇化与新农村建设协调发展水平测度结果

| 县（市、区） | 中心镇 | 协调发展水平（$K$） | 协调发展类型 |
|---|---|---|---|
| 萧山区 | 瓜沥镇 | 0.7215 | 中级协调发展类 |
| | 临浦镇 | 0.6322 | 中级协调发展类 |
| 余杭区 | 塘栖镇 | 0.8334 | 优质协调发展类 |
| | 余杭镇 | 0.8679 | 优质协调发展类 |
| | 瓶窑镇 | 0.6115 | 中级协调发展类 |
| 富阳区 | 新登镇 | 0.7274 | 中级协调发展类 |
| | 大源镇 | 0.5514 | 初级协调发展类 |

（续表）

| 县（市、区） | 中心镇 | 协调发展水平（$K$） | 协调发展类型 |
|---|---|---|---|
| 桐庐县 | 分水镇 | 0.7532 | 中级协调发展类 |
| | 富春江镇 | 0.5011 | 初级协调发展类 |
| | 横村镇 | 0.5852 | 初级协调发展类 |
| 建德市 | 梅城镇 | 0.4352 | 初级协调发展类 |
| | 寿昌镇 | 0.4011 | 初级协调发展类 |
| | 乾潭镇 | 0.6351 | 中级协调发展类 |
| 临安市 | 淤潜镇 | 0.3543 | 勉强协调发展类 |
| | 昌化镇 | 0.5332 | 初级协调发展类 |
| | 太湖源镇 | 0.3994 | 勉强协调发展类 |
| 淳安县 | 汾口镇 | 0.5738 | 初级协调发展类 |

# 第四节　研究小结及政策启示

新型城镇化与新农村建设的最终目的是实现城乡一体化，新型城镇化与新农村建设的互动发展状态对城乡一体化进程产生促进或阻碍作用。以浙江省杭州市 17 个中心镇为研究对象，建立新型城市化与新农村建设协调发展测度模型，并借助于 SPSS 等统计软件，将杭州市 17 个典型中心镇 2006—2009 年相关数据进行处理得到其发展协调水平。实证分析结果表明，所考察的杭州市 17 个中心镇中，塘栖镇和余杭镇 2 个中心镇属于优质协调发展类，瓜沥镇、临浦镇、瓶窑镇、新登镇、分水镇和乾潭镇 6 个中心镇属于中级协调发展类，大源镇、富春江镇、横村镇、梅城镇、寿昌镇、昌化镇和汾口镇 7 个中心镇属于初级协调发展类，淤潜镇和太湖源镇 2 个中心镇属于勉强协调发展类。总体而言，杭州市中心镇的新型城镇化与新农村建设协调发展水平还有待进一步提高。同时，在实证分析过程中发现，上述中心镇的新型城镇化综合要素发展指数普遍高于新农村建设综合发展指数，新农村建设水平仍普遍滞后于新型城镇化建设水平。因此，今后杭州市中心镇的建设应更多地着眼于大力推进新农村建设步伐。2015 年以来，浙江省各地正在抓紧制定"十三五"规划，研究结论可以为杭州市在"十三五"期间着力推进的"美丽乡村"行动计划，提供实证素材和政策依据。

**注释**

[1] 阿瑟·刘易斯. 经济增长理论[M]. 周师铭，沈丙杰等译. 北京：商务印书馆，1998：1-19

[2] 曾菊新. 现代城乡网络化发展模式[M]. 北京：科学出版社，2001

[3] Stohr，W. B.，　Taylor F.. Spatial equity：Some antitheses to current regional

development strategy[A]. In Folmer and Oosterhaven，eds. Spatial in equalities and regional development[C]. Leiden：Nijhoff，1978：1917-1919

[4] McGee，T G. Urbanisasior Kotadesasi? Evolving patterns of urbanization in Asia[A].In Costa，Duttak，Maljc，Nobleag，eds. Urbanization in Asia：Spatial dimensions and policy issues[C]. Honolulu：University of Hawaii Press，1989：93-108

[5] 佟光霁. 闭锁与破解：中国城镇化进程中的城乡协调研究[M]. 北京：科学出版社，2010

# 第四章 新型城镇化与新农村建设 协调的趋势与路径

传统城市化和传统农村建设的虽然在一定程度上推动了我国经济社会的发展进程，但也带来了一些不良的影响，目前，"城市病"和"农村病"在我国已经出现并有相互强化的趋势。城乡一体化战略要求新型城镇化与新农村建设协调推进，只有二者协调推进，才能减少"城市病"和"农村病"的发生。作者在 2012—2013 年历时一年多的调研中，针对浙江省嘉兴市 4 个中心镇的 200 位村镇干部进行了问卷调研。对回收的 200 份有效问卷进行分析，呈现了浙江省新型城镇化与新农村建设协调的发展趋势及路径选择。

## 第一节 样 本 描 述

问卷设计参照夏锋和马振涛（2011）的研究，问卷调研针对浙江省嘉兴市 4 个中心镇的镇领导、镇干部和村干部（除特殊说明外，作答者均被要求进行单项选择）。其中，王江泾镇、姚庄镇、崇福镇为浙江省小城市试点中心镇，每个中心镇发放问卷 50 份，共回收问卷 200 份，问卷回收率 100%。被调研对象绝大多数为从事村镇管理实际时间 10 年以上的镇领导和镇干部，从而保证了研究结论的说服力。样本具体情况见表 4-1。

表 4-1 调查样本分布和被调研对象基本情况

| | | 王江泾镇 | | 崇福镇 | | 姚庄镇 | | 乌镇 | |
|---|---|---|---|---|---|---|---|---|---|
| | | 频数 | 比例（%） | 频数 | 比例（%） | 频数 | 比例（%） | 频数 | 比例（%） |
| 职务 | 中心镇领导 | 10 | 19.61 | 0 | 0 | 8 | 17 | 4 | 12.12 |
| | 中心镇干部 | 30 | 58.82 | 1 | 2.1 | 23 | 49.0 | 25 | 75.76 |
| | 中心镇村干部 | 11 | 21.57 | 46 | 97.9 | 16 | 34 | 4 | 12.12 |
| 在本岗位工作时间 | 2 年以下 | 4 | 25.5 | 23 | 48.9 | 11 | 23.4 | 7 | 21.2 |
| | 3~5 年 | 8 | 15.7 | 9 | 19.1 | 13 | 27.7 | 15 | 15.2 |
| | 6~9 年 | 4 | 7.8 | 3 | 6.4 | 4 | 8.5 | 4 | 12.1 |
| | 10 年以上 | 26 | 51 | 12 | 25.6 | 19 | 40.4 | 17 | 51.5 |
| 在本镇内工作时间 | 2 年以下 | 8 | 15.7 | 22 | 47.9 | 7 | 14.9 | 7 | 21.2 |
| | 3~5 年 | 10 | 19.6 | 7 | 14.9 | 13 | 27.7 | 3 | 9.1 |
| | 6~9 年 | 3 | 5.9 | 4 | 8.5 | 1 | 2.1 | 6 | 18.2 |
| | 10 年以上 | 30 | 58.8 | 14 | 28.7 | 26 | 55.3 | 17 | 51.5 |

注：表中，频数的单位为"人"。

## 第二节　新型城镇化与新农村建设互动的趋势判断

### 一、城乡公共服务一体化、城乡交通基础设施一体化和城乡户籍制度一体化最有可能取得突破

大部分村镇干部认为，未来 5 年内，城乡基本公共服务一体化最有可能取得历史性突破；部分村镇干部认为城乡交通基础设施一体化和城乡户籍制度一体化极有可能取得突破，但在统一城乡土地制度上突破难度大（见表 4-2）。

表 4-2　未来 5 年内，城乡一体化最有可能取得历史性突破的领域（限选 3 项）

| 选项 | 王江泾镇<br>（%） | 崇福镇<br>（%） | 姚庄镇<br>（%） | 乌镇<br>（%） |
|---|---|---|---|---|
| 城乡医疗、教育、卫生、社会保障等公共服务一体化 | 52.9 | 55.3 | 59.6 | 54.5 |
| 城乡交通基础设施一体化 | 47.1 | 46.8 | 57.4 | 48.5 |
| 城乡劳动力就业市场的一体化 | 25.5 | 27.7 | 55.3 | 30.3 |
| 城乡区域规划和产业布局一体化 | 31.4 | 36.2 | 53.2 | 30.3 |
| 城乡户籍制度一体化 | 45.1 | 8.5 | 17 | 21.2 |
| 统一城乡土地制度 | 25.6 | 27.7 | 10.6 | 9.1 |

### 二、深化农村基本制度改革、加快土地承包经营权流转、提高农业现代化水平是转变农业生产方式的关键

大部分村镇干部认为，未来 5 年内，转变农业生产方式的关键依次是深化农村土地、公共资源配置、公共服务、金融等基本制度改革，加快土地承包经营权流转、为农业适度规模经营创造条件，改善基础设施、加强研发和推广现代农业生产技术、提高农业现代化水平（见表 4-3）。

表 4-3　未来 5 年内，转变农业发展方式的关键点（限选 3 项）

| 选项 | 王江泾镇 | 崇福镇 | 姚庄镇 | 乌镇 |
|---|---|---|---|---|
| 深化农村土地、公共资源配置、公共服务、金融等基本制度改革（%） | 68.6 | 57.4 | 66 | 57.6 |
| 改善基础设施、加强研发和推广现代农业生产技术、提高农业现代化水平（%） | 49 | 46.8 | 63.8 | 60.6 |
| 加快土地承包经营权流转、为农业适度规模经营创造条件（%） | 54.9 | 63.8 | 66 | 57.6 |
| 提高农村人口素质（%） | 15.7 | 19.1 | 17 | 33.3 |
| 转移农村剩余劳动力（%） | 27.5 | 6.4 | 21.3 | 27.3 |
| 调整农业产业结构（%） | 25.5 | 29.8 | 31.9 | 24.2 |
| 加大财政金融支农力度（%） | 15.7 | 29.8 | 17 | 9.1 |

### 三、"扩权强镇"改革可在经济发达的地市区及其所有镇全面推开

大部分村镇干部建议"扩权强镇"改革可在浙江省经济发达的地市区或全省所有镇全面推开，部分村镇干部甚至建议可"扩权强镇"改革可在全省全面推开（见表4-4）。

表4-4 未来5年内，"扩权强镇"改革能否在全省全面推开

| 选项 | 王江泾镇 | 崇福镇 | 姚庄镇 | 乌镇 |
|---|---|---|---|---|
| 可在全省全面推开（%） | 15.7 | 14.7 | 7.5 | 15.2 |
| 可在全省经济发达的地市区全面推开（%） | 39.2 | 57.4 | 36.3 | 27.3 |
| 可在全省所有镇全面推开（%） | 45.1 | 0 | 7.5 | 42.4 |
| 可在全省200个中心镇全面推开（%） | 0 | 27.9 | 18.2 | 15.1 |
| 其他（%） | 0 | 0 | 30.5 | 0 |

### 四、财政支农资金应优先用于农村基本公共服和农村社会保障

大部分村镇干部认为，未来5年内，本镇财政支农资金应主要用于以农村职业教育培训、医疗卫生、公共就业、公共交通、公共文化为重点的农村基本公共服务。部分村镇干部认为，应主要用于以基本养老保障、最低生活保障、农村社会安全网、住房保障为重点的农村社会保障（见表4-5）。

表4-5 未来5年内，财政支农资金的首要用途

| 选项 | 王江泾镇 | 崇福镇 | 姚庄镇 | 乌镇 |
|---|---|---|---|---|
| 以农村职业教育培训、医疗卫生、公共就业、公共交通、公共文化为重点的农村基本公共服务（%） | 35.3 | 40.4 | 31.9 | 45.4 |
| 以基本养老保障、最低生活保障、农村社会安全网、住房保障为重点的农村社会保障（%） | 33.4 | 38.2 | 46.8 | 48.5 |
| 农业基础设施建设与农村社会生活公共设施建设（%） | 9.8 | 8.5 | 14.9 | 6.1 |
| 加大农民直接补助（%） | 7.8 | 2.3 | 2.1 | 0 |
| 农村环境保护（%） | 13.7 | 10.6 | 4.3 | 0 |

### 五、基层干部侵害群众利益、土地权属问题和农村环境污染问题是引发农村群体性事件主要的原因

大部分村镇干部认为，引发农村群体性事件主要的原因依次是基层干部侵害群众利益、土地权属问题和农村环境污染问题（见表4-6）。

表4-6 引发农村群体性事件主要的原因

| 选项 | 王江泾镇 | 崇福镇 | 姚庄镇 | 乌镇 |
|---|---|---|---|---|
| 基层干部侵害群众利益问题（%） | 17.6 | 8.5 | 2.1 | 3.0 |
| 土地权属问题，尤其是土地流转（%） | 39.2 | 29.8 | 55.3 | 54.7 |

（续表）

| 选项 | 王江泾镇 | 崇福镇 | 姚庄镇 | 乌镇 |
|---|---|---|---|---|
| 宗族问题（%） | 2.0 | 0 | 0 | 6 |
| 变相乱收费和农民负担过重问题（%） | 9.8 | 8.5 | 0 | 3 |
| 农村环境污染问题（%） | 27.5 | 53.2 | 40.4 | 30.3 |
| 黑社会组织问题（%） | 3.9 | 0 | 2.2 | 3 |

### 六、当前城市支持农村、工业反哺农业体制机制已初步形成

大部分村镇干部认为，当前城市支持农村，工业反哺农业体制机制局部已形成，但总体尚未形成；也有不少的村镇干部认为，当前城市支持农村，工业反哺农业体制机制已初步形成；极少认为已形成村镇干部。（见表4-7）

表4-7 对当前城市支持农村、工业反哺农业体制机制的看法

| 选项 | 王江泾镇 | 崇福镇 | 姚庄镇 | 乌镇 |
|---|---|---|---|---|
| 局部已形成，但总体尚未形成（%） | 27.4 | 53.3 | 48.9 | 30.3 |
| 初步形成（%） | 47.1 | 29.7 | 34.1 | 30.3 |
| 远未形成（%） | 25.5 | 14.9 | 14.9 | 39.4 |
| 已形成（%） | 0 | 2.1 | 12.1 | 0 |

## 第三节 新型城镇化与新农村建设协调的路径选择

### 一、以中心镇为节点推进新型城镇化

部分村镇干部认为推进新型城镇化进程应优先发展浙江省全部200个中心镇，也有村镇干部认为应着重发展县域范围内的小城市或全省部分发达中心镇。（见表4-8）

表4-8 浙江省推进新型城镇化进程应优先发展

| 选项 | 王江泾镇 | 崇福镇 | 姚庄镇 | 乌镇 |
|---|---|---|---|---|
| 杭州、宁波等大城市（%） | 3.9 | 17.1 | 2.1 | 0 |
| 地区级中等城市（%） | 13.7 | 8.5 | 7.0 | 18.2 |
| 县域范围内的小城市（%） | 27.5 | 36.1 | 34.1 | 18.2 |
| 全省全部200个中心镇（%） | 33.3 | 4.3 | 7.8 | 12.1 |
| 全省部分发达中心镇（%） | 19.6 | 21.2 | 42.6 | 21.2 |
| 一般镇（%） | 0 | 0 | 2.1 | 30.3 |
| 县域范围内的典型农村区域（%） | 2.0 | 12.8 | 4.3 | 0 |

## 二、建立城乡统一的基本公共服务制度

多数村镇干部认为未来 5 年内，本镇很有可能初步建立城乡统一的基本公共服务制度；部分村镇干部认为未来 5 年内，可以在中心镇率先实现初步建立城乡统一的基本公共服务，但一般乡镇很难建立城乡统一的基本公共服务。（见表 4-9）

表 4-9　未来 5 年内，能否初步建立城乡统一的基本公共服务制度

| 选项 | 王江泾镇 | 崇福镇 | 姚庄镇 | 乌镇 |
| --- | --- | --- | --- | --- |
| 很有可能（%） | 43.1 | 44.7 | 63.8 | 33.3 |
| 在中心镇可以率先实现，但一般乡镇很难实现（%） | 29.4 | 36.1 | 25.5 | 27.3 |
| 可能性较小（%） | 5.9 | 6.4 | 6.4 | 30.3 |
| 不好说（%） | 21.6 | 12.8 | 4.3 | 9.1 |

部分村镇干部认为，尽快使农民工享受所在地基本公共服务和农民或农民工土地权益实现与离乡离土的制度安排是解决农民工问题的关键；也有不少的村镇干部认为打破城乡分割的户籍制度是解决农民工问题的关键。（见表 4-10）

表 4-10　使农民或农民工群体在城镇安居下来的关键

| 选项 | 王江泾镇 | 崇福镇 | 姚庄镇 | 乌镇 |
| --- | --- | --- | --- | --- |
| 尽快使农民或农民工享受城镇基本公共服务（%） | 54.9 | 51.2 | 63.8 | 30.3 |
| 打破城乡分割的户籍制度（%） | 15.7 | 10.6 | 19.2 | 6.0 |
| 农民或农民工土地权益实现与离乡离土的制度安排（%） | 25.5 | 21.3 | 14.9 | 18.2 |
| 尽快解决第二代农民或农民工的户籍问题，防止农民或农民工代际复制（%） | 3.9 | 14.9 | 2.1 | 36.4 |
| 其他（%） | 0 | 0 | 0 | 9.1 |

## 三、深化政府行政体制改革

调查显示，政府行政体制最为突出的问题是职责权不一致、履行职能与承担责任力不从心，其次是机构改革没有明确的方向，二者的认同度都超过 50%。被调研对象认为，乡镇机构改革的难点还包括：乡镇机构臃肿，人员分流难；政府职能定位不清；乡镇财政管理体制改革步履艰难；乡镇债务偿还难等。（见表 4-11）

表 4-11　完成机构改革任务面临的矛盾障碍（限选 3 项）

| 选项 | 王江泾镇 | 崇福镇 | 姚庄镇 | 乌镇 |
| --- | --- | --- | --- | --- |
| 机构改革没有明确的方向（%） | 63.0 | 52.4 | 55.5 | 53.4 |
| 职、责、权不一致，履行职能与承担责任力不从心（%） | 75.6 | 81.6 | 70.9 | 69.9 |
| 机构臃肿，人员分流难（%） | 50.4 | 52.4 | 86.4 | 49.4 |
| 政府职能定位不清（%） | 15.2 | 32.0 | 27.7 | 24.7 |

（续表）

| 选项 | 王江泾镇 | 崇福镇 | 姚庄镇 | 乌镇 |
|---|---|---|---|---|
| 财政管理体制改革步履艰难（%） | 47.9 | 32.0 | 7.1 | 41.1 |
| 债务偿还难（%） | 30.2 | 14.5 | 15.4 | 28.8 |
| 机构监管难（%） | 15.2 | 34.9 | 37.0 | 24.7 |
| 其他（%） | 3.0 | 0 | 0 | 8.0 |

部分村镇干部认为扩权强镇改革应该以推进城乡一体化和转变政府职能为基本方向。此外，保证基层政府的财力、减少政府层级，也代表了部分村镇干部的呼声。（见表4-12）

表4-12　扩权强镇改革的基本方向

| 选项 | 王江泾镇 | 崇福镇 | 姚庄镇 | 乌镇 |
|---|---|---|---|---|
| 发展县域经济（%） | 9.8 | 19.1 | 10.6 | 9.1 |
| 减少政府层级（%） | 15.7 | 10.6 | 14.9 | 21.2 |
| 转变政府职能（%） | 23.5 | 14.9 | 14.9 | 9.1 |
| 保证基层政府的财力（%） | 15.7 | 19.1 | 17.0 | 42.4 |
| 推进城乡一体化（%） | 35.3 | 31.9 | 42.6 | 18.2 |
| 保证全省不同地区的财力均等化（%） | 0 | 4.3 | 0 | 0 |

## 四、缩小城乡收入差距

部分村镇干部认为，未来5年内，本镇城乡收入差距扩大速度将减缓，但依然会继续扩大；相对而言，认为城乡收入差距有所缩小或显著缩小的比例较少。（见表4-13）

表4-13　未来5年内，本镇城乡收入差距的看法

| 选项 | 王江泾镇 | 崇福镇 | 姚庄镇 | 乌镇 |
|---|---|---|---|---|
| 继续快速扩大（%） | 15.7 | 21.2 | 10.6 | 15.2 |
| 继续扩大，但扩大速度将减缓（%） | 25.5 | 34 | 23.4 | 15.2 |
| 基本保持不变（%） | 19.6 | 10.6 | 10.6 | 39.4 |
| 有所缩小，但幅度有限（%） | 15.7 | 27.7 | 46.8 | 18.2 |
| 显著缩小（%） | 3.9 | 6.4 | 7.8 | 9.1 |
| 其他（%） | 0 | 0 | 0 | 2.9 |

部分村镇干部认为，启动本镇农村消费大市场的关键在于提高农民收入水平、缩小城乡收入差距，实现城乡教育一体化、加快建立基本养老保险制度、提高最低生活保障水平、完善农村社会救助体系。（见表4-14）

表4-14　启动本镇农村消费大市场的关键（限选3项）

| 选项 | 王江泾镇 | 崇福镇 | 姚庄镇 | 乌镇 |
|---|---|---|---|---|
| 提高农民收入水平、缩小城乡收入差距（%） | 72.2 | 62.9 | 84.7 | 80.0 |
| 加快城镇化进程，吸纳农村人口转移就业（%） | 30.7 | 45.9 | 29.00 | 23.3 |
| 实现城乡教育一体化、加快建立基本养老保险制度、提高最低生活保障水平、完善农村社会救助体系（%） | 57.0 | 50.8 | 50.8 | 26.6 |
| 提高农村基本公共服务水平，建立城乡统一基本公共服务体制（%） | 30.7 | 14.6 | 26.6 | 40.0 |
| 加快农业发展方式转变、提高农业生产效益（%） | 30.7 | 24.2 | 14.6 | 46.6 |
| 改善农村消费环境（%） | 13.2 | 36.3 | 29.0 | 26.6 |
| 通过不断加大农业补贴力度，显著提高农产品收购价格（%） | 21.9 | 12.1 | 12.1 | 16.7 |
| 建立完善农村住房保障制度、推进城乡住房保障制度一体化（%） | 21.9 | 31.5 | 33.9 | 30.0 |
| 继续加大"家电下乡""汽车下乡"等政策支持力度（%） | 21.9 | 21.7 | 19.3 | 10.0 |

## 五、大力支持农民组织的发展

村镇干部认为，农村发展急需的农民组织依次是各种生产专业协会、农民合作社、村民议事会、外出务工组织、农民信用合作组织、农会等。（见表4-15）

表4-15　当前本镇农村发展急需的农民组织（限选3项）

| 选项 | 王江泾镇 | 崇福镇 | 姚庄镇 | 乌镇 |
|---|---|---|---|---|
| 各种生产专业协会（%） | 54.9 | 55.3 | 44.7 | 54.5 |
| 农民合作社（%） | 51 | 53.2 | 51.1 | 45.4 |
| 村民议事会（%） | 33.3 | 31.9 | 59.6 | 39.4 |
| 务工或就业组织（%） | 21.6 | 12.8 | 25.5 | 39.4 |
| 农会（%） | 21.6 | 4.3 | 0 | 12.1 |
| 农民信用合作组织（%） | 21.6 | 29.8 | 23.4 | 24.2 |
| 社区经济合作社（%） | 17.6 | 17 | 14.9 | 21.2 |
| 互助组（或基金会）（%） | 21.6 | 19.1 | 14.9 | 24.2 |
| 乡村经济联合社（%） | 9.8 | 10.6 | 19.1 | 0 |
| 扶贫协会（%） | 7.8 | 23.4 | 12.8 | 12.1 |
| 其他（%） | 0 | 0 | 2.1 | 0 |

部分村镇干部认为，农村经济合作组织的性质应该是农民自主经营的，即民营的，政府应该帮助农民健全农村经济合作组织的管理制度，不应该介入管理；也有部分村镇干部认为，应该鼓励龙头企业领办农村经济合作组织，应由政府领导，并由政府派员。（见表4-16）

表 4-16 农民经济合作组织应该如何组织

| 选项 | 王江泾镇 | 崇福镇 | 姚庄镇 | 乌镇 |
|---|---|---|---|---|
| 农村经济合作组织的性质应该是农民自主经营的，即民营的（%） | 27.5 | 59.6 | 53.2 | 21.2 |
| 农村经济合作组织应由政府领导，并由政府派员（%） | 17.6 | 0 | 2.1 | 30.3 |
| 应该鼓励龙头企业领办农村经济合作组织（%） | 13.7 | 8.5 | 17.0 | 21.2 |
| 政府应该帮助农民健全农村经济合作组织的管理制度，不应该介入管理（%） | 41.2 | 31.9 | 27.7 | 27.3 |

# 第五章　以工促农的价值基础

构建基于农业产业链为载体的以工促农机制，是实现新型城镇化与新农村建设协调发展的基础条件之一。目前，我国"以工促农"主要仍是由政府主导的。但从长远来看，除由政府充当"以工促农"主导者的角色外，还应大力利用产业内在的促进与带动作用，通过强化产业关联实现工农互动，通过充分利用农业产业链上价值活动的内在机理来构建"以工促农"机制。基于此，本章试图运用农业产业链的理论分析框架，研究"以工促农"机制构建的价值基础，并提出构建"以工促农"机制的对策建议，以服务于"以工促农"、新型城镇化与新农村建设协调发展的实践。

## 第一节　构建农业产业链的产业经济效应："以工促农"

"以工促农"就是以不损害涉农工商企业和城市的利益为前提，以农业产业链为纽带和载体，通过工商企业和城市的发展促进农业和农村的发展[1]。"以工促农"的关键是实现传统小农业有机对接涉农"二产、三产"，农业产业链是构建"以工促农"机制的重要机制与载体。

农业产业链中各产业互相依赖、互相作用而形成"关联效应"，产业链的环节越多，则整体关联效应越大[2]。随着农业产业链环节的增加即链条的延伸，不仅促进农业增值，而且对国民经济中众多涉农领域的发展具有巨大的效能。农业产业链整合农业知识、信息及文化资源等特色，与其他产业进行异业联盟和整合，可使农业由以往的一次产业，转型为二、三次产业，建立高度竞争力的优势产业，以克服当前小农经营的困境。而且，构建起来的农业产业链的某些环节的延伸与整合，可以带动与其密切相关的产业发展，最终实现"以工促农"。

## 第二节　农业产业链视角下的"以工促农"机制构建的价值基础

根据自组织理论，农业产业链是一种以内力驱动为主的自组织系统，外部环境只是输入"负熵流"的必要条件。农业产业链是实现"以工促农"的重要载体，虽然他组织对具有弱质性的农业产业链的驱动作用不容忽视，但他组织动力由自组织动力来主导。市场机制是农业产业链系统的一种基本的自组织机制，在比较优势原理的支持下，城乡能够而且愿意只发展自身有优势的产业，构建涉农产业价值链或供应链。在自组织动力的驱动下，农业产业链内的每一个成员企业都是自发、自主地寻找合作者，它们依次链接与构建，相互竞争与协同，共同构成完整的农业产业链。

市场机制作为"以工促农"的一种基本的自组织机制，其价值基础在于价值链上的各种业务单位存在关联性。由于农户、供应商、销售商及核心企业所面临的最终消费者相同，在为共同消费者创造价值方面目标是相同的，所以为共同消费者创造价值的各种业务单位就构成了产业链中价值链联结点。农业产业链通过这种价值联结点进行合作，可以增加所有合作伙伴的利益和竞争优势，从而产生价值链与价值链之间、价值系统内部各部分之间的协同效应，不断发现和创造新的价值[3]。这种价值创造和联结的主要业务单位可以表述为各主体进行的打造农业产业链（整链）品牌的业务活动。

所谓品牌，是与目标顾客达成的长期利益均衡，从而降低消费者选择成本的排他性品类符号，是目标顾客选择的理由。如图 5-1 所示，农业产业链品牌指的是基于产业链协同作用下的整链品牌，是对原有链条各自品牌的一个提升，这是由产业链主体各核心竞争力集成的产业链整体核心竞争力的重要表征。供应链中纵向协作越紧密，提供的食品安全水平越高[4]。基于整链品牌的绿色食品，能与目标顾客达成的长期利益均衡，让消费者放心。农业产业链（整链）品牌提升之后，不管是最初农产品还是加工过的农产品价格都得以提高，农户和龙头企业都能得到价格提高所带来的利润增加。对于消费者来说，虽然消费者付出了较高的价格，但是品牌农产品可以让消费者买得放心，节省了选择时间，降低了选择成本，且给其带来心理上的满足感。打造整链品牌的直接结果是初级农产品、加工过的产品价格的提高，价格提高则收益增加，农户和龙头企业都能从中获益，从而提供了"以工促农"机制构建的持续动力。

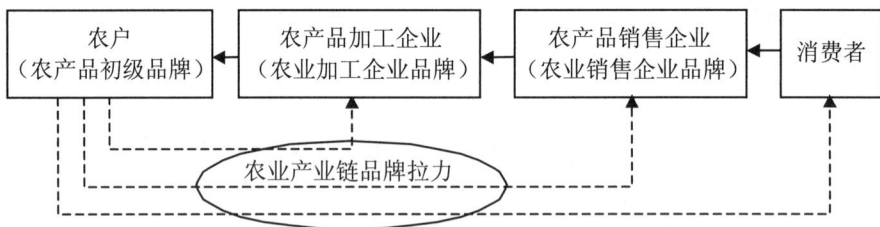

图 5-1　农业产业链品牌的价格提升效应示意图

## 第三节　研究小结与政策启示

综上所述，农业产业链是实现"以工促农"的重要载体，市场机制作为"以工促农"的一种基本的自组织机制，其价值基础表现为农业产业链主体共同进行的打造农业产业链（整链）品牌的价值活动，以及由这种价值活动而产生的价格提升效应。他组织动力（政府政策）必然由自组织动力来主导，因此政府有必要利用自组织动力机制及其产生的价格提升效应，有效地制定和实施与"以工促农"相匹配的政策。

### 一、加强农业产业链的整链品牌管理

农业产业链是一个整体，农业产业链上的各个环节应强化整链运作意识，建立信任

关系，相互协调，使各环节利益与整个产业链的利益紧密联结起来。达到这一目标的关键在于：通过科技创新和品牌效应，打造农业产业链品牌，实现农户和龙头企业都能从中获益。从政府的角度来看，应该鼓励农产品科技创新和名牌战略：一方面，品牌农产品的价格高于普通农产品，这就吸引了更多的资金投入到农业生产领域；另一方面，农产品品牌竞争的加剧，促使农业生产方式的变革，最终使农民得到更多收益。

## 二、壮大农业产业链龙头企业的实力

农业产业链构建的主体是农业龙头企业，其内部组织的空间结构成为一种客观存在的"以工促农"机制，农业龙头企业是"以工促农""以城带乡"经济活动中的实际承担者和组织者。因此，要着力扶植与壮大龙头企业。政府要在政策上对龙头企业给予支持，龙头企业自身也要不断健全完善运作机制。

## 三、提高农业组织化程度

"以工促农"机制的目标是促进农民增收，农业组织化是"以工促农"机制建立的核心问题。我国缺乏像日本农协这样的农民合作组织来保护农民的利益，因此，要培育农户与龙头企业利益衔接的中介组织载体，特别是各种类型的农业专业合作组织的发展。在我国农民的契约意识和联合能力都不强情况下，"农户公司化"模式由于有实体形态的公司出现，减少了在契约型联盟中普遍存在的广大农户组织松散，难以提高农业效率的风险。政府要根据当地的生产力发展水平、农户的能力和意愿，推广"农户公司化"。

## 四、完善产销大户、农业龙头企业与合作社的联动机制

农民办合作社，需要有能人来牵头和领导。从事农产品生产、加工、销售的专业大户和龙头企业就是农民专业合作社的领头人，但大户和企业也只是合作社的一分子，不等同于合作社，更不能凌驾于合作社之上。合作社是独立的市场主体，与大户和龙头企业既是合作伙伴，又是竞争对手，二者只有相互依靠、相互支持、相互协作，才能实现互利共赢。

## 五、完善政府政策投入机制

农业产业链的延伸是对现有的生产链条进行延长和拓宽，是一个全方位立体的扩展过程[5]。政府政策投入机制是构建农业产业链的他组织机制的重要方面，政策投入主要通过减免税收、加大财政转移支付力度、完善体制和提供政策条件等途径来实现，如收入补贴、农村基础设施建设、农业科技研发与推广、农村基础教育普及农民职业技术培训、农村社会保障体系建设和农村剩余劳动力转移等等。自组织和他组织机制有必要相互配合、分工协作，政府应鼓励支持、引导各种社会组织（非政府组织）关注和支持"以工促农"。

### 注释

[1] 李晓阳，王钊. "以工补农"的内涵规范及其政策建议[J]. 改革，2006，（2）：69-70

[2] 龚勤林. 产业链空间分布及其理论阐释[J]. 生产力研究，2007，（16）：106-107，114

[3] Gentry，Vellenga. Using logistics alliances to gain a strategic advantage in the marketplace[J]. Journal of Marketing Theory and Practice，19964：37-43

[4] 吴子稳，田黎，傅为忠，袁建明. 基于农产品供应链的农业产业化经营研究[J]. 农村经济，2007，（1）：21-23

[5] 肖芬，刘西林，王军. 煤炭矿区产业链延伸影响因素的实证研究[J]. 软科学，2009，（1）：61

# 第六章　农业产业链风险管理

在推进新型城镇化和建设社会主义新农村的新形势下，如何形成一个有效的风险规避模式，为农业、农村的健康发展创造良好的微观机制，具有重要的意义。虽然理论和实践都证明农业企业通过农业产业链管理可以提高竞争力和利润水平，但农业产业链在实际运作中是受多个因素制约，面临多重风险，农业产业链管理成功是困难的。因此，必须引进农业产业链的风险管理机制，尽可能地减少产业链的风险和损失。

## 第一节　农业产业链风险管理的一般原理

农业产业链风险是指产业链农业企业或农户在经营过程中，由于各种事先无法预测的不确定因素带来的影响，使产业链农业企业或农户实际收益与预期收益发生偏差，从而有受损的风险和可能性。农业产业链风险比一般产业链风险更加复杂：（1）农业生产及农民是第一种不确定源。农业生产具有地域广阔、季节性、周期性强的特点，与制造企业相比可控性低，常常面临自然风险、政策风险、市场风险的多重打击，波动极其频繁。此外，农民总体素质较低，契约意识较淡漠，很大程度上农民利益被无端侵害，受伤害的农民在多次博弈中增强了机会主义和败德动机，从而使得产业链环节极不稳定。（2）农业产业链上的企业大多植根于农村。受资金、人才及环境多方面制约，管理水平较低，运营极不稳定。（3）农业产业链下的产品大多为食品、服装等日用消费品。随着买方市场加剧及大众生活水平提高，消费者对这类产品在花色、品种、包装、质量、保健等方面的特点更加敏感，要求也愈来愈高。此外，这类产业进入壁垒相对较低，从而加剧了市场与需求状况的不稳定性[1]。

农业产业链风险管理就是以产业链风险管理的一般方法为基础，对农业产业链做好风险识别、评估、处理等工作。表 6-1 表示了农业产业链风险管理的组成，这四个过程是一个统一体，不可分割，共同组成了农业产业链的风险管理过程。

**表 6-1　农业产业链风险管理过程**

| 风险识别 | | | 风险评估 | | 风险处理 | | | | 风险总结 |
|---|---|---|---|---|---|---|---|---|---|
| 认识农业产业链风险类型 | 明确农业产业链风险结构 | 确定农业产业链风险所有 | 评估农业产业链风险损失 | 评估农业产业链风险概率 | 农业产业链风险回避措施 | 农业产业链控制风险措施 | 农业产业链转移风险措施 | 农业产业链自担风险措施 | 农业产业链风险管理评价 |

## 第二节　农业产业链的风险识别和基本类型

### 一、农业产业链风险识别的意义和方法

农业产业链的风险识别是指风险管理者通过对大量的农业产业链运营信息资料、现象进行系统了解分析，来认清农业产业链中存在的各种风险因素，进而确定农业产业链所面临的风险及其性质。要进一步剖析风险的结构性质，如这种风险属于道德风险、技术风险、金融风险、外部风险、系统风险中的哪一种，然后才能对症下药[2]。同时农业产业链是相互依存的合作链，而每个企业参与合作的程度各不相同，农业产业链风险对各个企业的影响程度也是有差异的。因此，分析了结构后，还需要进一步分析风险的归属，即风险的所有者。依据科斯定理，所有权的明确可以有利于资源的有效配置，明确风险的所有者，分析风险是某个企业内部的风险，还是农业产业链上所有企业都必须面对的风险，有利于风险的及时解决、风险的分担和风险的公平补偿。

农业产业链存在着性质不同、归属不同、程度不同的各种风险[3]，有些风险是传统风险在新条件下的加强和变形（如效率风险、自然灾害风险、市场风险）；有些是新风险（如信息风险、跨国经营风险）。

### 二、农业产业链面临的常见风险

1. 农业产业链的效率风险

效率风险是一种传统风险，这种风险是由于企业或农户之间合作没有达到自己期望的效果而消极应对或退出产业链的风险。产业链上的企业大多植根于农村，受资金、人才及环境多方面制约，管理水平较低，运营极不稳定。这种风险主要由如下几个方面引起：（1）核心企业实力不强，没有做好整个农业产业链的协调工作，导致正常的农业产业链流程失调。（2）整个农业产业链企业之间水平参差不齐，有些企业没有核心竞争力，从而导致农业产业链整体效率低下。（3）农业产业链企业之间因为成本分摊不合理而互不相让，在农业产业链整体利润一定的条件下，某些企业利润提高会导致其他企业利润降低。在如今这个微利时代，企业之间争夺利润的动机本身就很强烈，从而导致农业产业链有断裂的风险。（4）农业产业链之间协调机制不完善，导致沟通成本过高，从而降低了合作的利益。农民总体素质较低，契约意识较淡漠，很大程度上，农民利益被无端侵害有关，受伤害的农民在多次博弈中增强了机会主义和败德动机，从而使得农业产业链环节极不稳定。

2. 农业产业链的市场风险

农业产业链下的产品大多为食品、服装等日用消费品。随着买方市场加剧及大众生活水平提高，消费者对这类产品在花色、品种、包装、质量、保健等方面的特点更加敏感，要求也愈来愈高。此外，这类产业进入壁垒相对较低，从而加剧了市场与需求状况的不稳定性。面对这些挑战，企业纷纷采用面向消费者需求的商业模式，按照客户的需求安排原材料、零部件、生产量和生产流程。虽然这种方式可以大幅度降低库存成本，提高消费者的满意度。但由于消费者需求随季节、地域、个性、社会环境波动，且由于市场竞争激烈，商品售价又被压低。一方面企业的生产资源有可能闲置，造成浪费；另一方面，这些成本又无法从低的销售价格中得到弥补，企业面临两难的境地。这种基于市场的风险从风险结构上来看，属于产业链的外部系统性风险，市场的急剧变化使企业必须面临巨大的挑战，任何有关市场的决策失误最终将导致农业产业链的解体甚至企业的破产。

3．农业产业链的信息风险

农业产业链是信息流、商流、资金流和物流的结合，信息是农业产业链管理的基础[4]。但是信息在农业产业链中存在着很大的风险，主要表现在如下几个方面：首先，合作伙伴之间隐瞒信息，通过一方的信息隐瞒，可以使单个企业获得较高的利润，而整个产业链的整体效率却降低了，这种信息风险从风险结构上看是属于道德风险的范畴，是属于产业链企业的败德行为产生的风险。其次，在电子商务条件下，产业链的信息主要采用计算机信息系统搜集、存储、处理、传递和使用，使用计算机处理信息可以大大加快产业链应对市场的变化，加快企业内部流程的效率，减少成本开支。但在这个过程中，产业链的信息面临着极大的风险，主要是由于网络的不安全性，信息很有可能被窃听、篡改，更可怕的是有些网络黑客采用各种技术，攻击信息系统或使系统被病毒感染而不能正常工作。再次，由于农业产业链内部员工疏忽大意，造成信息丢失，或被竞争对手利用。

4．农业产业链的自然灾害风险

在所有产业中，农业与自然环境的关系最为密切，农业受自然环境变化的影响也是最大的。自然灾害对现代农业的影响是破坏性的，甚至是毁灭性的。我国是自然灾害的频发区，旱灾、洪灾几乎每年都发生，蝗灾、风灾、雹灾、霜灾也时有发生。自然灾害发生后，给农业经营主体造成直接或间接的经济损失：直接的经济损失表现为整个农业或某些农产品的减产或绝收，以及对农业基础设施的破坏；间接的经济损失表现为农产品品质下降所引起的市场售价的降低。

## 第三节　农业产业链的风险评估

农业产业链的风险评估是对某一特定农业产业链风险的测量，是进行农业产业链风险管理的必要措施。农业产业链风险评估必须考虑两个方面：一是风险发生的概率，二是风险造成的损失程度[5]。根据实际经验，人们常常把农业产业链风险发生的概率分为五个等级，见表6-2。按照农业产业链风险发生后所带来的损失，可以将农业产业链风险损失程度也分为五个等级，见表6-3。

表 6-2　农业产业链风险发生的概率划分

| 等级 | 评估 | 评估描述 |
|---|---|---|
| 1 | 不可能 | 发生的可能性非常小，几乎为零 |
| 2 | 不太可能 | 又可能发生，但概率很小 |
| 3 | 中度 | 可能发生，概率大概一半左右 |
| 4 | 可能 | 可能发生 |
| 5 | 非常可能 | 经常发生 |

表 6-3　农业产业链风险损失程度划分

| 等级 | 评估 | 描述 |
|---|---|---|
| 1 | 没有损失 | 对企业的损失可以忽略不计 |
| 2 | 较小损失 | 对企业有一定损失 |
| 3 | 中度损失 | 会造成企业短期内困难 |
| 4 | 严重损失 | 会造成企业长期困难 |
| 5 | 灾难 | 不能经营了，从产业链上断开 |

从以上等级划分可以看出，不管是从农业产业链风险发生的概率，还是从农业产业链风险造成损失程度来看，农业产业链风险的测定都是非常模糊的，都是一些相对的非数值化描述。显然，简单从五个等级来评估农业产业链风险是远远不够的，但是农业产业链风险有其特殊性，有很多风险很难用精确的数值来将其量化。

农业产业链风险评估就是按照风险发生的可能性和风险造成的损失进行深入的考察。各种风险对农业产业链的影响程度是不同的，有些风险对农业产业链的影响至关重要，有些则不是。根据风险发生的概率和损失的程度，列出如下关于应对风险的处理态度矩阵。只有矩阵右下角填写 A 的组合需要重点防护，其他的做一般处理或不做处理即可，大大降低了管理的难度和范围。（如表 6-4）

表 6-4　农业产业链风险处理态度

| 损失程度＼发生概率 | 不可能 | 不太可能 | 中度 | 可能 | 非常可能 |
|---|---|---|---|---|---|
| 没有损失 | C | C | C | C | C |
| 较小损失 | C | C | B | B | B |
| 中度损失 | C | B | B | B | B |
| 严重损失 | C | B | B | A | A |
| 损失 | C | B | B | A | A |

注：A 为重点防护；B 为一般防护；C 为可以忽视。

此外，农业产业链风险往往有多个因素影响，必须综合考虑，找到各个影响因素，然后对各个因素做出评估，最后根据这些原因制定风险解决方案。

# 第四节　农业产业链的风险处理

## 一、农业产业链风险处理理论

风险处理是风险管理的核心。风险分析和风险评估都是为了有效地处理风险，减少风险发生的概率和造成的损失。和一般产业链风险处理方法相似，农业产业链风险处理也包括风险回避、风险控制、风险转移和风险自担[6]、[7]。面对农业产业链的风险，企业根据自己的能力和风险的特征，按照风险评估的结果选择风险解决的方法。在处理风险时要考虑到，有些风险只能控制、减少，而不能消除。农业产业链风险处理方法的选择是一种科学决策，要对农业产业链的企业内部情况、外部环境有充分的了解，同时还要注意方法的适用性和效果。通常，风险处理不是单一的一种方法，而是几种方法的综合应用。

根据风险评估的结果，按照农业产业链风险处理态度矩阵的规则，对不同风险的重要性进行分类，重要风险重点处理，非重要风险可以忽视。但也要注意有些风险可能在环境发生改变后，风险的性质和发生的概率也会改变。

## 二、农业产业链面临的常见风险的处理方法

1. 农业产业链效率风险的处理

效率是农业产业链管理最重要的考虑因素，只有高效的农业产业链才会吸引其他企业加入，并形成可靠的联盟[8]。为了提高农业产业链效率可从这几个方面入手：（1）作为农业产业链的农业龙头企业，首先对各个相关企业的能力进行综合考察和研究，找到农业产业链中的薄弱环节是由哪些企业引起，如果这些企业本身有很大问题，很难改善，那么应该重新选择合适的合作伙伴取而代之；（2）对改善有望，目前存在一定困难的企业，如资金缺乏、技术相对落后，作为核心企业应该提供帮助；（3）对供应商采用激励和惩罚相结合的管理措施，提高其效率水平，可采用如下的方法——作为核心企业在对供应商选择过程中采用七三分成的方法，70%的原材料一家主要供应商供应，30%由其他一家或几家供应，这样既可以稳定与主要供应商的供应关系，又可以减少对一家的完全依赖。

2. 农业产业链的市场风险处理

市场风险是由农业产业链外的各种因素造成的。有些因素是无法改变的，如经济下滑、消费风俗等，面对这种风险最好的措施是风险规避，尽可能地减少损失[9]。有些市场风险是企业可以改变的因素，企业可以通过正确的市场营销手段、详尽的客户信息分析和完善优质的客户服务来影响。农业企业通过利用互联网信息技术，将获得更强的市场风险抵抗能力。

### 3．农业产业链的信息风险处理

信息是指挥农业产业链运行的重要资源，对农业产业链成败至关重要，对待信息风险，最好的方式是主动出击，采用积极的方法应对。信息的风险管理包括两个方面：一方面，要减少信息不对称所带来的风险，提高整条农业产业链的竞争优势，必须建立起一定的机制来约束农业产业链上各个企业或农户的行为。另一方面，要求农业产业链上各个企业对自己所拥有的信息在一定范围内、一定程度上实现安全、可靠的共享。实现信息系统之间的对接是非常关键的，只有这样才能减少信息延迟和信息不一致所带来的损失。通过建立信息系统之间的共享机制可以有效地解决产业链中的"牛鞭"效应[10]。在信息系统架构过程中，架构技术的标准化、开放性是非常必要的，这样有利于企业信息系统随企业发展而不断扩展，也尽可能地降低企业的退出成本。通过采用防火墙、网络防毒、信息加密、身份认证、授权等信息技术手段加强信息系统的安全性。信息技术虽然可以解决一些信息安全方面的问题，但这不是全部，只有企业内部对信息系统安全意识提高以后，农业产业链信息系统基础设施才能既安全又可靠的完成企业的战略任务。

### 4．农业产业链的自然灾害风险处理

农业生产具有地域广阔、季节性、周期性强的特点，与制造企业相比可控性低。自然灾害风险的管理应该在平时建立起应急预案和备用设备[11]。企业信息系统处于企业运营的核心地位，为了应对这种挑战，企业应该采用远程备份数据的措施尽可能地在企业数据中心面临破坏后还能运行业务。在企业布置全球生产设施时，全球灾害发生情况也是必须要考虑的，如在地震高发区和低发区对厂房的设置就采用不同的方式。随着计算机信息技术的发展，采用全球定位监控的方式对农业产业链的各个环节进行有效的监控是未来的发展趋势。

# 第五节　农业产业链的风险总结

在产业链运行条件下，任何有关方面都处于不断的变化之中，风险也是如此。任何已经解决的风险有可能会以新的方式来影响农业产业链的运行。所以对已有的风险应该处于日常的监控中，对已经解决的风险包括对其解决措施给予总结，找出解决问题的关键因素，并建立相关风险应急档案，为以后风险的解决提供知识上的储备。

农业产业链风险管理是一个比较新兴的研究课题，牵涉到产业链管理、风险研究等多个领域。农业产业链风险管理比一般的产业链风险管理更加复杂，风险是阻碍电子农业产业链良好运行的重要因素，如何识别风险、评估风险进而采用有效的方式减少风险产生的损失是关键。风险管理特别是农业产业链风险管理的研究还不是非常深入，有些问题还没有进行很好的基础理论研究，比如风险的定量评估问题，合作企业之间对风险的认识、分摊等还没有达成完全的一致。对此，有待于进一步的跟踪观察和总结。

**注释**

[1] 王国才. 供应链管理与农业产业链关系初探[J]. 科学学与科学技术管理，2003

（4）：48

[2] 董智汉. 市场经济条件下我国农业风险管理实施的战略意义[J]. 湖北社会科学，2003，06：72-73

[3 ]Flanagan，R.，Norman，G. Risk Management and Construction[M]. Blackwell Scientific Publications，1998，69-106. 107-120. 153-179

[4] 董超，张洁. 信息技术与集成化供应链管理[J]. 物流技术与应用，2001（3）：10-12.

[5] 倪燕翎，李海婴，燕翔. 供应链风险管理与企业风险管理之比较[J]. 物流技术，2004（12）：40-42

[6] Geunes，J.，Pardalos，P. M.. Network optimization in supply chain management and financial engineering：An annotated bibliography[J]. Networks，2003，42（2）：66- 84

[7] James，S. Trieschmann，Gustavson，G. Risk management & insurance[M]. South Western Pubishing，1995.10-28

[8] 韩东东，施国洪. 供应链管理中的风险防范[J]. 工业工程，2002，5（3）：37-41

[9] 陈善毅. 我国现代农业的风险管理[J]. 皖西学院学报，2003，19（1）：47-49

[10] 杨红芬，吕安洪. 供应链管理中的信息风险及对策分析[J]. 商业经济与管理，2002（2）：10-15

[11] 张永霞. 美国农业风险管理[J]. 世界农业，2005，312（4）：32-34

# 机 制 篇

# 第七章　新型城镇化与新农村建设协调的推进机制

新型城镇化与新农村建设之间存在相互作用的机制，单纯侧重于任何一方的研究都无法有效地解读中心镇在推进城乡一体化进程中所表现出来的独特性及面临的诸多问题，也难以提出有效的对策建议。因此，本章试图将新型城镇化与新农村建设纳入统一的概念框架，通过对浙江嘉兴市姚庄镇和崇福镇的案例研究，揭示新型城镇化与新农村建设协调推进的机理，进而探讨推进二者协调最终推进城乡一体化的对策建议。

## 第一节　理论分析与研究框架

### 一、城乡偏向发展的理论模式

城乡偏向发展理论可追溯到刘易斯（Arthur Lewis，1954）的二元经济理论模型，二元经济理论模型认为，发展中国家消除二元结构、实现经济增长的主要途径是促使农业剩余劳动力向现代工业部门转移[1]。此理论随后演变成为城市偏向发展理论和乡村偏向发展理论。城市偏向发展理论以增长极理论为代表[2]，该理论认为，消除发展中国家的二元结构的关键在于培育以城市或主导产业为主、具有成长和空间集聚意义的增长极，以带动农村地区经济的增长；乡村偏向发展观理论以选择性空间封闭发展理论为代表，该理论认为，政府有选择性地削弱极化效应并增强扩散效应，培育具有自主成长能力和更高自主权的乡村，可以有效地缩小城乡差距[3]。

## 二、城乡一体化发展的理论模式

20 世纪 80 年代以来，城乡偏向发展理论遭到了学者的批评，大多数学者认为，无论以城市为中心的城市偏向发展观，还是以乡村为中心的乡村偏向发展观，都无法指导区域实现可持续发展。麦基（McGee，1989）的研究表明，在亚洲的一些发展中国家城乡关系演变过程中，存在着城市辐射扩散的外在拉力和乡村非农化的内在推力，二者的交互作用使得农业活动和非农业活动之间的联系日益紧密、城市和乡村界限日益模糊。这种独特发展模式被称之为 Desakota 模型，是城乡一体化推进过程中的必然现象[4]。道格拉斯（Douglass，1998）发展了麦基的 Desakota 模型，提出了区域网络发展模型[5]，认为在城乡关系演变过程中，乡村的内在推力主要是通过一系列的"流"与城市的外在辐射扩散力相交合，并从中获得更强程度的网络功能效应，最终促成城乡一体化目标的实现。

## 三、城乡一体化发展的理论推论：新型城镇化与新农村建设的协调推进机制

根据城乡一体化发展理论，笔者认为，新型城镇化与新农村建设在本质上是统一的：新型城镇化带动新农村建设，新农村建设助推新型城镇化。城乡之间通过一系列的"流"使得新农村建设的内在推力与新型城镇化的外在辐射扩散力相互作用，最终促进城乡一体化目标的实现。依据新型城镇化与新农村建设水平的匹配程度，可以将其互动状态区分为协调与不协调两种状态：在发展的某个阶段，当新型城镇化水平与新农村建设水平基本适应时，则体现为协调互动；当新型城镇化水平滞后于新农村建设水平，或新农村建设水平滞后于新型城镇化水平时，则互动状态呈现为不协调互动。

新型城镇化与新农村建设存在着互动发展的作用机理，二者需要协调互动以保持动态平衡，这种平衡与不平衡的情景将对城镇化与新农村建设产生促进或阻碍作用。换言之，当新农村建设的内在需求与城镇化的制度供给相匹配，则互动过程中会产生正向反馈作用，从而促进城镇化与新农村建设进程；当新农村建设的内在需求与城镇化的制度供给不相匹配，则会产生负向反馈作用，从而阻碍城镇化与新农村建设的互动发展与合理演化。

# 第二节　案例研究：浙江嘉兴市的 2 个镇

## 一、案例选取及案例概况

在新型城镇化与新农村建设互动机制理论分析的基础上，本书选取了浙江省嘉兴市姚庄镇和崇福镇作为研究案例。嘉兴市是浙江省统筹城乡综合配套改革的试点城市（2008 年），近年来，嘉兴市始终将城市与农村视为一个有机整体，以统筹城乡、城乡一体化的理念协同推进城市与农村建设。姚庄镇和崇福镇均为浙江省嘉兴市的建制镇级行政区，属于《浙江省人民政府关于加快推进中心镇培育工程的若干意见》（2011 年）所公布的

200 个中心镇中的 2 个，且都拥有特色鲜明的城乡一体化发展模式。因此，选取嘉兴市姚庄镇和崇福镇作为研究案例，具有一定的典型意义。

姚庄镇位于浙江省嘉兴市嘉善县东北部，镇域面积 75km²，辖 18 个行政村和 4 个社区居委会，户籍人口 4 万人，新居民 2.8 万人；截至 2011 年，姚庄镇实现生产总值 50.5 亿元（人均 GDP 为 2 万美元），工农业总产值 240 亿元，财政总收入 5.23 亿元，农民人均纯收入 1.89 万元。而崇福镇位于浙江省嘉兴市桐乡市西南部，总面积 100.14km²，辖 26 个行政村和 6 个社区居委会，户籍人口 5.3 万人，新居民 5 万人；截至 2011 年，崇福镇实现 GDP 32.1 亿元，工业总产值 126.78 亿元，财政总收入 4.88 亿元，农民人均纯收入 1.65 万元。

## 二、案例分析

### 1. 姚庄镇的案例

在姚庄镇案例中，新型城镇化与新农村建设之间存在着普遍的和持续不断的交互活动。通过不断的互动，双方能够及时调整和应对，从而实现了新型城镇化与新农村建设的协调。总体而言，它们的互动状态是协调的，新型城镇化带动新农村建设，新农村建设助推新型城镇化，二者的正向反馈作用也十分明显。互动过程表现出如下特征：

第一，新型城镇化与新农村建设协调是城乡一体化的必然要求。2010 年以来，姚庄镇以建成上海近郊精致高雅的田园小城市为目标，投入 4 亿多元，新建了商贸中心、市民广场等一批城市基础设施，建成了嘉兴市最大的城乡一体新社区——桃源新邨社区。姚庄镇坚持城乡统筹推进，同步推进工业化、城镇化与农业现代化，推动基础设施延伸覆盖、改造提升，走出了一条城乡一体化的特色发展之路。

第二，农民需求是推进新型城镇化与新农村建设协调的持续动力。姚庄镇的城镇化比较注重统筹城乡发展，强调关注农村与农业发展，形成了统筹城乡发展的"姚庄模式"。如姚庄镇的宅基地置换能真正做到农民自愿，姚庄镇政府深入了解农民需求，通过调查所了解到的农户旧宅状况、近期修建新房计划、希望置换的房屋产权性质等信息，为更加合理地规划设计农村社区奠定了基础。

第三，政府是推进新型城镇化与新农村建设协调的主导力量。2008 年以来，姚庄镇抓住深化农村改革发展的关键环节，以土地使用制度改革为核心，积极开展土地流转改革试点，创新推进户籍制度改革，着力提升农村基础建设上水平，基本构建了城乡一体发展新格局。2011 年以来，姚庄镇全方位加强农村基础设施建设，在浙江省乡镇首家实现路灯村村通，新建了浙江省一流的乡镇社会福利养老中心。

### 2. 崇福镇的案例

相比姚庄镇而言，崇福镇城镇化与新农村建设之间的互动主要以区域经济利益为驱动力，城镇偏向发展模式的特征较为突出，其互动状态是不协调的，二者的正向反馈作用不明显。

第一，城镇偏向发展的思路导致了新型城镇化与新农村建设的不协调互动。调研发现，崇福镇偏重于产业发展与经济总量提升，带有城镇偏向发展特点；且崇福镇十分重视建成区范围之内的发展，忽视了城乡的协调发展。因此，极易拉大城乡差距，不利于崇福镇城乡一体化目标的实现。

第二，对农民需求的忽视导致了新型城镇化与新农村建设协调缺乏持续的动力。崇福镇政府认为推进征地拆迁是实现小城镇建设目标的关键，并把2012年确立为"征地拆迁年"，势必因农民转移产生许多社会问题。总体上，崇福镇表现为新农村建设相对滞后，滞后的新农村建设水平成为其持续推进新型城镇化的障碍。

第三，经济利益驱动下的短期行为影响了新型城镇化与新农村建设的协调状态。在短期经济利益驱动下，崇福镇的城镇总体规划、土地利用总体规划编制相对滞后；土地储备严重不足，征地拆迁工作推动难度很大，导致了新型城镇化与新农村建设二者的不协调状态。

## 第三节　研究发现及政策建议

研究发现，新型城镇化与新农村建设在本质上是统一的，新型城镇化带动新农村建设，新农村建设助推新型城镇化。城乡之间通过一系列的"流"使得新农村建设的内在推力与新型城镇化的外在辐射扩散力相交互，并使得城乡从中获得更强程度的网络功能效应，最终促进城乡一体化目标的实现。基于上述理论与案例研究，可初步提出如下城镇化与新农村建设协调推进的对策。

第一，城乡一体化是新型城镇化与新农村建设协调推进的目标。城镇化就是城市基础设施和公共服务向农村延伸，城市的各种文明不断向农村扩散和辐射的过程；建设新农村的过程也是推进农村工业化、农业产业化，提高农村城市化水平，城乡各种差距不断缩小的过程。两者是内在统一、互相交融的，两者协调的目标是实现城乡一体化。

第二，中心镇是区域新型城镇化与新农村建设协调推进的重要节点与载体。中心镇在集聚农民、繁荣农村中的作用是不可替代的，加快中心镇建设是走新型城镇化道路和新农村建设、落实"以工促农、以城带乡"战略的必不可少的环节。因此，培育一批产业发达、管理高效、生态环境优美的中心镇，对于协调推进城镇化与新农村建设，具有重要的政策意义。

第三，推进工业化、城镇化与农业现代化的同步是新型城镇化与新农村建设协调的具体路径。农村工业化发展推动农村城镇化进程、提升农业现代化水平，农村新型城镇化对带动农村工业化发展和农业现代化发展有着重要的促进作用，农业现代化发展对农村工业化的深入发展和农村城镇化水平的加速发展也有着重要的推动作用。农村工业化、农村城镇化与农业现代化发展是协调统一的关系，因此，推进三者的同步是新型城镇化与新农村建设协调的具体路径。

第四，政府可通过调控土地、资金与人力资源等要素来推进新型城镇化与新农村建设的协调互动。城镇化与新农村建设互动机制是区域内的产业要素、空间要素、人口要素以及制度要素等互动作用的一种组织关系。上述四要素的不同配置组合支撑着区域体系朝不同的规模结构、空间结构、职能结构发展，是城镇化与新农村建设互动机制的关

键调控对象。因此，政府可通过调控土地、资金与人力资源要素来推进新型城镇化与新农村建设的协调互动。

# 第四节  研究小结

研究发现，新型城镇化与新农村建设的互动机制是建立在区域经济社会发展基础之上的，受到一般性发展规律与区域性特有发展条件的制约。新型城镇化与新农村建设存在着互动的作用机理，二者需要协调互动以保持动态平衡，这种平衡与不平衡的情景将对新型城镇化与新农村建设产生促进或阻碍作用。浙江省嘉兴市姚庄镇和崇福镇的案例研究表明，城乡一体化是新型城镇化与新农村建设协调推进的目标，中心镇是区域城镇化与新农村建设协调推进的重要节点与载体，工业化、城镇化与农业现代化的同步推进是新型城镇化与新农村建设协调的具体路径，政府可通过调控土地、资金与人力资源等要素推进新型城镇化与新农村建设的协调互动。

另一方面，东部发达地区与中西部地区具有不同的区域经济特点，各地方的新型城镇化与新农村建设也处于不同的推进阶段，中心镇与一般镇又具有不同的发展目标与功能定位。这就意味着：各地的城镇化与新农村建设推进势必走特色发展、错位发展之路，评价新型城镇化与新农村建设协调度的指标必然是复杂的与多元的，绝不可忽视区域性特有发展条件而搞"一刀切"。对我国大多数农村或农业区域而言，解决"三农"问题的关键可能不是如何推进城镇化或工业化发展，而是如何推进农村农业现代化和健全城镇公共服务体系，对此，有待于进一步研究与总结。

**注释**

[1] 阿瑟·刘易斯.经济增长理论[M]. 周师铭，沈丙杰等译. 北京：商务印书馆，1998：1-19

[2] 曾菊新. 现代城乡网络化发展模式[M]. 北京：科学出版社，2001

[3] Stohr W. B.，Taylor F.. Spatial equity：Some antitheses to currentregional development strategy[A]. In Folmer and Oosterhaven，eds. Spatial in equalities and regional development[C]. Leiden：Nijhoff，1978：1917-1919

[4] McGee. T. G. Urbanisasior kotadesasi? Evolving patterns of urbanization in Asia[A]. In Costa，Duttak，Maljc，Nobleag，eds.. Urbanization in Asia：spatial dimensions and policy issues[C]. Honolulu：University of Hawaii Press，1989：93-108

[5] Douglass. M. Rural-urban linkages and poverty alleviation：Towarda policy framework[M]. International workshop on rural-urban linkages，Curitiba，Brazil，1998

# 第八章　农业产业链延伸的基本动力和途径

基于新型城镇化和社会主义新农村建设的新形势，作者认为，农业产业链的延伸是逐步改变城乡"二元结构"、统筹城乡发展、推进新型城镇化和社会主义新农村建设的重要途径之一；是建立有利于逐步改变城乡二元经济结构的体制、形成促进城乡经济社会协调发展机制的具体途径。因此，研究农业产业链延伸问题，对于推进新型城镇化和社会主义新农村建设具有重要的现实意义。

对于农业产业链延伸这一术语，有的叫作加长农业产业链，有的叫延长农业产业链。在理论研究方面，国外与农业产业链延伸类似的研究是对农业企业一体化经营问题的研究，国外学者还没有将农业产业链延伸作为研究对象进行研究的理论[1]。我国对农业产业链有一定的研究：王祥瑞（2002）认为传统农业产业链过窄过短大大限制了农业自身获利的空间，必须打破原有经营模式，将产业链不断拓宽和延伸，使农业增效，农民增收[2]；龚勤林（2004）认为，延伸产业链则是将一条既已存在的产业链尽可能地向上下游拓深延展，同时他探讨了构建产业链对于城乡统筹和区域统筹的意义[3]；还有学者从部门角度探讨了食糖产业链、河蟹产业链、棉花产业链等具体的农业产业链的延伸思路。总的来看，目前国内外学者对农业产业链已有一定研究，这些成果对于我们的研究有一定的借鉴意义，但已有的研究缺少系统性、规范性。

因此，对农业产业链延伸的研究，仍需向纵深推进：既要有纯理论的归纳，更需要有针对我国新形势的实践研究。本章试图整合分工理论和价值链理论，进而分析新型城镇化和社会主义新农村建设形势下农业产业链延伸的基本动力和途径。

## 第一节　农业分工促进农业产业价值链分解

### 一、农业产业链延伸的内在动力：分工经济

亚当·斯密（Adam Smith，1776）在《国富论》中指出："劳动生产力上最大的增进，以及运用劳动所表现的更大熟练、技巧和判断力，似乎都是分工的结果。"阿林·杨格（Allyn Abbott Young，1928）发展了亚当·斯密的分工思想，认为市场规模不仅取决于人口规模，而且取决于购买力，后者取决于生产率，生产率又依赖于劳动分工的程度。正是劳动分工与市场规模的相互作用，二者才得以不断扩大，而经济增长则正是在二者的相互加强作用的动态过程中得以实现。

迂回生产方式（round about production method）的发展是劳动分工最大的特点，在初始生产要素和最终消费之间插入越来越多、越来越复杂的生产工具、半成品、知识的专业生产部门，使分工越来越精细。交易效率的提高，会增加分工的好处，从而促进"迂

回生产"的发展：生产链中上游和下游专业部门间的纵向分工的扩张延长了生产链，而迂回生产链的增加"哪怕只用一种工具生产粮食，生产率也会高些"（杨小凯，1998）。笔者认为，农业生产的迂回将促使农业产业链不断延伸，从而分享分工带来的利益。

## 二、农业分工促进农业产业价值链分解

美国哈佛大学商学院教授迈克尔·波特（Michael E·Porter，1985）提出，对于不同的企业，价值链活动一般以不同的特定方式联结，从而形成各自企业竞争优势的源泉。与此同时，波特也强调了考察企业在自身产业内的位置的重要性，他用价值系统这个术语来描述一个特定的企业价值链所从属的更大的产业价值链。他认为，获取和保持竞争优势不仅取决于对企业价值链的理解，而且取决于对企业如何适合于某个价值系统的理解。通过企业与企业之间的价值流动，形成了整个供应链上的价值，构成了价值链的纵向联系，称之为产业价值链。一般而言，（企业）价值链主要从单个企业的角度研究企业内部的价值创造过程，农业产业链则是从整体链条来思考农业产业链整体的价值创造过程。

农业专业化分工为价值链的分解提供了可能。随着分工的深入，从初级农产品生产、农产品深加工、农产品分销到最终用户等过程中的某些环节独立性增强，脱离了原有企业，成为一个独立的企业[4]。这样原本企业内部的价值链分解为由若干个成员企业共同形成的一个产业价值链。各个企业相互衔接合作，生产出用户需要的产品。在基本农业产业生产加工环节，模块化部分可以成为独立专业化的农业产业企业，农业生产环节难以模块化的部分，进行定制化生产，两者共同构建了价值链。生产链中上游和下游专业部门间的纵向分工延伸了生产链。如图 8-1 所示，从价值链拥有的加工企业数量可以大致反映价值链专业化分工的程度。

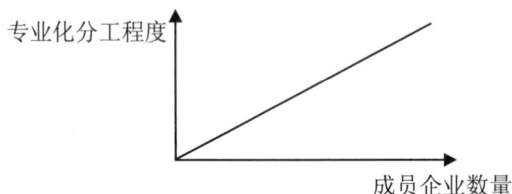

图 8-1　农业分工导致价值链分解示意图

## 三、农业分工促进农业基本价值链分解的一般过程

我们遵循抽象的研究方法，从基本价值链（包括播种、生长、收获、农产品的加工、农产品的销售等链环）中抽象出农产品加工产业链环，通过对农产品加工链环的分解来探讨农业分工促进农业基本价值链分解的一般过程。

如图 8-2 所示，表示价值链全部处于一个农业企业之中，各农业生产加工环节和农业服务部门由农业企业内部提供。农业企业内部就存在了几条价值链，而价值链由若干个农业生产加工环节构成，分别为生产环节一、生产环节二……这些环节分离以后，成为相对独立的生产单元。农业服务部门主要指为农业生产的生产性服务部门，如农业的信

息服务部门、农业物流等。当然，一般性的农业社会化服务（如金融、交通等）不包含在价值链之中，但是他们对农业企业的生产加工活动也有帮助。

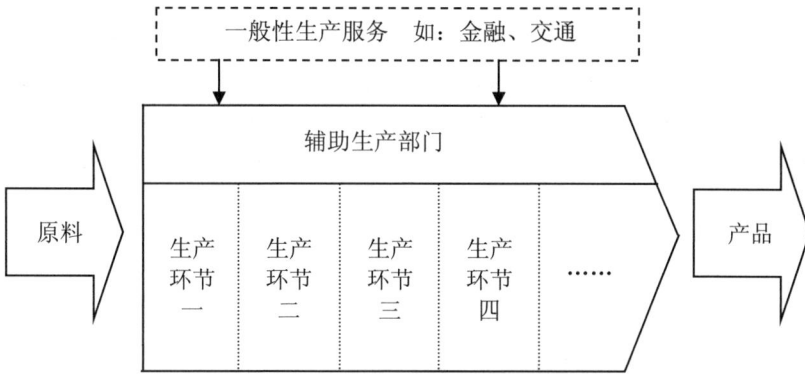

图 8-2 农业加工企业价值链示意图

农业分工促使农业产业价值链形态发生变化[5]。那些独立性强的辅助农业产业生产部门与基本农业产业生产部门分离，成为独立的农业产业企业（如图 8-3 所示）。

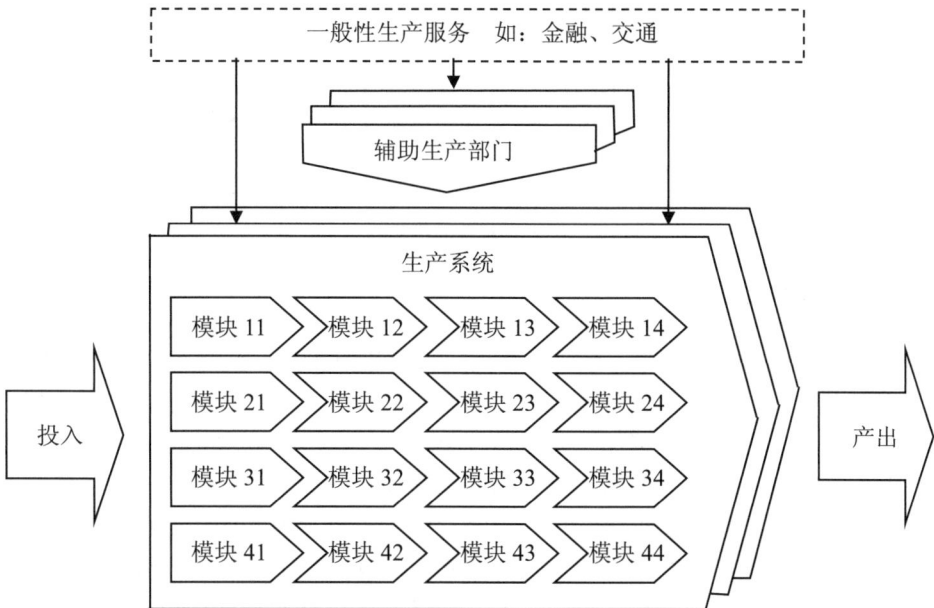

图 8-3 分工促使农业加工产业价值链分解示意图

对于农业价值链的分离可以分为基本农业生产过程的各环节分离、基本农业生产过程和农业服务部门的分离两大类。笔者认为，基本生产价值链的分解表现为农业产业链的延长，基本农业生产过程和农业专业化服务性企业的分离则表现为农业产业链的拓宽，二者共同构成农业产业链延伸的基本内容。

## 第二节　农业产业链的价值链分解形态

农业产业链是农业企业获得竞争优势的一种组织模式，其目的都是创造价值，即它与价值链有一定的关系，可以说价值链是农业产业链的本质，农业产业链是价值链的表现形式。我们可以将农业产业链分解为辅助价值链、基本价值链和可拓展价值链（如图8-4所示）[6]。

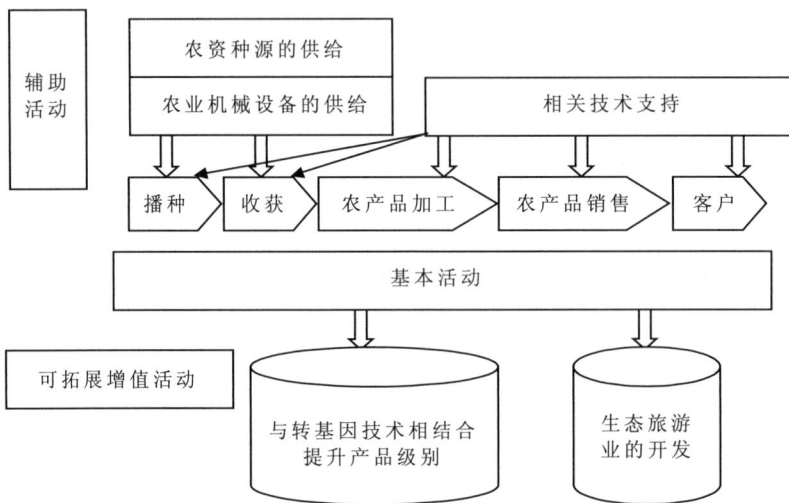

图 8-4　农业产业链的价值链分解形态

### 一、基本价值链

基本价值链由播种、生长、施肥、收获、农产品的加工、农产品的销售组成。播种、收获环节为整个产业链提供较为初级的农业产成品；农业加工环节包括对农业初级产品的一次加工、二次加工甚至深加工，这是一个对产业链进行技术集成的过程，通过这个环节生产出满足社会需求的产品；农产品的销售环节是一个对产业链进行商务集成的环节，该环节既要了解客户需求，并将这种需求向产业链上的各环节进行反馈，还要完成产品的促销活动，使整个产业链的价值最终实现。往往加工企业或销售企业因为基础雄厚、辐射面广，具有市场开拓、疏导生产、深化加工、扩大农产品销售空间和增加产品附加价值等综合功能，而成为整条产业链上的龙头企业。

### 二、辅助价值链

辅助价值链包括农资种源的供给、农业用机械设备的供给、技术支持以及最终客户。农资种源的获得是整个产业链得以运行的基础；农资的可获得量决定了整个产业链的发展规模；农资的品质是最终产品的根本保证。机械设备和技术支持，使得整个产业链高效运行。最终客户对产品的选择决定了整个产业链的发展方向和生存环境。

### 三、可拓展价值链

这一部分活动，一是由基本价值链上的活动所具有的独特特点延伸出来，如利用农作物在生长过程、收获季节中的可观赏性，恰当地与当地旅游资源结合，开发生态观光旅游业；一是与高科技研究相结合，提升产品级别，使得产品在性能、营养和消费品品质方面向当今社会需要的目标转变。

笔者认为，延伸，顾名思义包括延长和伸展（拓展）的意思。因此，农业产业链的延伸应该包括农产品加工价值链的延长（不包括农产品销售价值链的延伸）和可拓展价值链的拓展两个维度。通过对产业链进行价值分析，可以充分挖掘产业链上每一个环节的潜力，并注重与现代科技相结合，进行价值链的深化与延伸。

## 第三节　农业产业链延伸的技术途径和主要链环

### 一、农业产业链延伸的技术途径

农业产业链不断延伸对农业增效、农民增收，进而推进社会主义新农村建设，是十分重要和及时的。在这里，我们在对农业产业链进行价值链解构的基础上，探讨农业产业链延伸基本途径和思路。

图 8-5 表明了农业产业链延伸的技术途径：现代农业产业链延伸是将传统的农业产业链不断地向农产品加工业和流通业，甚至向生态观光业延伸。这样，原属于第二产业、第三产业的农业关联产业，也纳入农业产业链的结构之中，延伸以后的产业链不再将农业局限于第一产业这样一个狭小的范围内[7]。农业产业链延伸后的产业链上每一个环节都担负着价值创造的功能，上下游各环节之间分工合作，共同向用户提供一系列价值形态的商品。

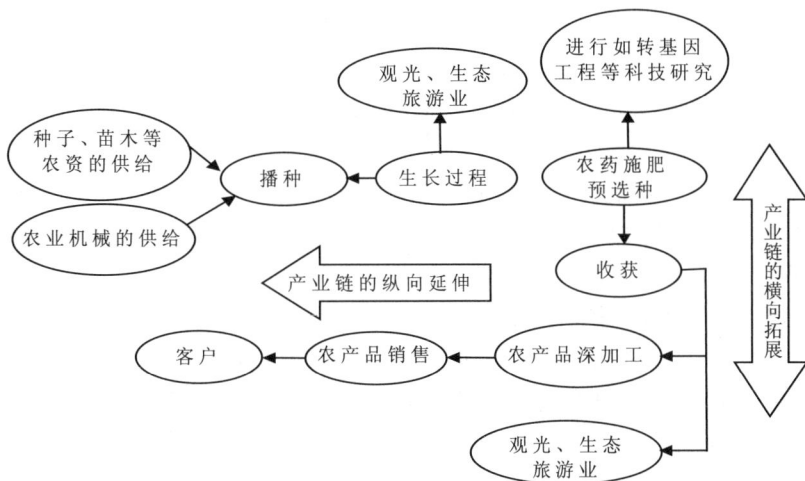

图 8-5　农业产业链延伸的技术途径

## 二、农业产业链延伸的关键链环

在国内现有的文献中，大部分学者将农业产业链的延伸理解为农产品加工产业链环的延长。笔者认为，这种理解是不全面的，农业产业链的延伸应该包括农产品加工价值链的延长（不包括农产品销售价值链的延伸）和可拓展价值链的拓展两个维度。其中，可拓展价值链的拓展包括农业观光旅游产业链环以及在社会需求推动下的生物能源、生物质材料和生物制药等新兴产业[8]。笔者认为，社会需求和农业技术条件的制约，生物能源、生物质材料和生物制药等新兴产业的拓展是一个远景。因此，在这一部分，我们主要讨论农产品加工产业链环延长和农业观光旅游产业链环拓展问题及其对于新农村建设的现实意义。

1. 农产品加工产业链环的延长

笔者认为，延长农业产业链的关键是延长农产品加工业，农业产业链的延长主要指的是农产品加工价值链的延长。我们赞成大部分学者的观点，农业产业链的延长不包括农产品销售价值链的延伸，说农业物流重要的意思是要理顺和协调农业产业链，而不是要延长流通产业环节。相反，关键是要减少流通或物流环节，因为物流环节的增加容易使信息失真、资源浪费、效益下降[9]。

改革开放以来，我国居民收入不断提高，这极大地促进了农产品加工业的发展。以食品加工业为例，1981年，其产出只有407亿，到2000年，产出增加到4229亿。但是我国食品工业增加值与农业增加值之比从1980年到1995年处于下降趋势，1996年后不断上升。但与其他国家相比，还存在着巨大差距，1997年，美国的比值为1.16，日本为1.22，法国为1.25，而我国只有0.17。因此，只有延长农产品链条，才能提升农业产业结构，增强农产品竞争力，增加农民收入，从而有利于减缓农业的弱质性。因此，农产品加工业产业链的延伸对于实现小规模农业生产与现代化大生产的对接，进而推进建设社会主义新农村有着重要的现实意义。

2. 观光农业旅游产业链环的拓展

世界旅游组织分析预测，纵观中国国内旅游的需求旺盛时期，将会在12大旅游产品形成新的消费热点，其中之一就是观光农业旅游。观光农业旅游是旅游业与农业之间的交叉型新兴产业，它体现着一种新型的农业经营形态，是第一产业向第三产业的拓展。农业产业链的延伸不能以牺牲"非农"利益来给予"农业"的帮助和支持，只能是二者的"双赢"[10]。观光农业旅游产业链在充分利用现有农业资源的基础上，把农业建设、科学管理、高效农业、农艺展示、农产品加工等同旅游者的广泛参与融为一体，实现"农业"与"旅游"双赢。

观光农业旅游产业链的拓展将链接三次产业、沟通城乡两个地域。一方面可以较好地整合城乡经济资源，打破城乡两套封闭体系独自运行局面；另一方面可以整合三次产业的经济活动，沟通其内在经济联系。观光农业旅游产业链的拓展将带来一系列的经济效益、社会效益、环境效益，显示其强大生命力，对于推进建设社会主义新农村有着重要的现实意义。

## 第四节 研 究 小 结

迂回生产方式的发展是劳动分工最大的特点，农业生产的迂回将促使农业产业价值链分解，从而表现为农业产业链延伸。农业产业链延伸将分享分工带来的利益，并成为推进社会主义新农村建设的重要途径。农业产业链的延伸包括农产品加工价值链的延长和可拓展价值链的拓展两个维度，农产品加工产业链环的延伸和农业观光旅游产业链环的拓展是农业产业链延伸的现实关键链环。

农业分工是促进农业产业价值链分解的内在动力，农业生产的迂回将促进农业产业价值链分解，表现为农业产业链延伸。农业产业链延伸将分享分工带来的利益，它对于推进社会主义新农村建设，是十分重要和及时的。农产品加工产业链环和农业观光旅游产业链环拓展是农业产业链延伸的现实关键链环，这意味：对农业产业链的各个环节（链环）不可等量齐观，推进农业产业链延伸的过程和加强农业产业链整合的过程是同时进行的。分工和协作是同一事物的两个方面，农业产业链延伸和农业产业链整合的关系是分工和协作关系的外在体现，对于这种关系，有待于进一步的跟踪观察和总结。

### 注释

[1] 刘贵富. 产业链研究现状综合述评[J]. 工业技术经济，2006，（4）：9

[2] 王祥瑞. 产业链过窄过短是农业增效农民增收的最大障碍[J]. 农业经济，2002，（9）：28-29

[3] 龚勤林. 产业链接通的经济动因与区际效应研究[J]. 理论与改革，2004，（3）：105-108

[4] Baumgardner，J. R..The division of labor，local，markets，and workers organization[J]. Journal of Political Economy，1988，96：509-527

[5] 刘斌. 产业集聚竞争优势的经济分析[M]. 北京：中国发展出版社，2002：68-72

[6] 王艺，王耀球. 构建新型农业产业链[J]. 中国储运，2004，（5）：31

[7] Becker，G. and Murphy，K.. The division of labor，coordination costs，and knowledge[J]. Quarterly Journal of Economics，1992，107：137-160

[8] 国风. 改造传统经济[M]. 北京：经济科学出版社，2006：31

[9] 赵绪福，王雅鹏. 农业产业链的增值效应与拓展优化[J]. 中南民族大学学报（人文社会科学版），2004，（4）：107-109

[10] 李晓阳，王钊. "以工补农"的内涵规范及其政策建议[J]. 改革，2006，（2）：69-70

# 第九章　农业产业链的城乡间延伸的动力和路径

如何调整城乡利益，打破城乡之间封闭和分割状态，通过以城带乡，以工补农，实现城乡产业的互动，是我国当前改革面临的重大战略问题。党的十六届五中全会明确指出，要真正解决好"三农"问题，就必须按照"生产发展、生活宽裕、乡风文明、村容整洁、管理民主"的要求，扎实推进社会主义新农村建设。《国民经济和社会发展第十一个五年纲要》指出，要"延长产业链条，使农民在农业功能拓展中获得更多收益"。《浙江省国民经济和社会发展第十一个五年规划纲要》提出，要"延长产业链，提高农产品加工增值率，大力开拓农产品市场"。实施农业产业链城乡间延伸，实现城乡第一产业、第二产业、第三产业之间的联动，不仅是可能的，而且是十分必要的。农业产业链的城乡间延伸，一方面可以较好地整合城乡经济资源，打破城乡两套封闭体系独自运行局面；另一方面可以整合三次产业的经济活动，沟通其内在经济联系。农业产业链城乡间延伸是农村接受城市辐射，凝聚内力、形成合力以协调推进新型城镇化与新农村建设的有效途径。

本章试图通过农业产业链城乡间延伸的系统动力机制的分析，探讨社会主义新农村建设形势下农业产业链城乡间延伸的基本路径。

## 第一节　农业产业链城乡间延伸的动力因素

区域是一个空间概念，当经济学研究区域中的经济问题时，主要根据经济特征对经济区域进行界定，对经济区域的界定标准主要服务于研究的目的[1]。为研究新农村建设的需要，本章把经济区等同于经济区域或区域，并把经济区域划分为城市和乡村两类区域。农业产业链城乡间延伸的系统思考，就是把农业产业链置于城乡区域社会经济这一大系统中，通过对各种作用力及其相互关系的分析，来寻找农业产业链城乡间延伸的动力。根据对农业产业链城乡间延伸影响因素的综合分析，认为影响农业产业链城乡间延伸的主要因素有需求、供给、分工和技术[2]。这四个因素相互作用，共同构成了整个农业产业链城乡间延伸的系统动力圈，如图9-1所示。

在这个系统动力圈中，首先是需求拉动圈，它是农业产业链城乡间延伸的主要动力源。农产品需求的变化为农产品供给和技术的变化提供了目标和动力，为农业分工细化提供市场容量。农产品消费需求是社会总需求中份额最大的部分，是需求圈的主要动力源泉。政府对农产品需求往往有较大的调控力量，如通过税收、金融、财政等手段刺激或减少对某些农产品的需要。政府对农业的干预一般是通过制度和政策的形式来实现的，这都是农业产业链城乡间延伸的直接作用力。

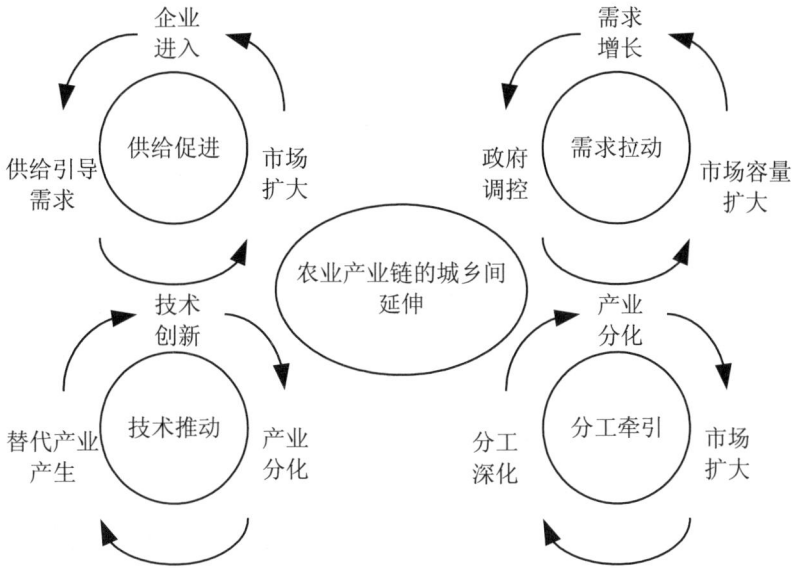

图 9-1  农业产业链城乡间延伸的系统动力机制

第二个动力圈是分工牵引圈。亚当·斯密早就指出，分工是经济成长和社会进步的主要动力。农产品需求增长动力通过系统传递到分工圈，使分工产生三种作用力：一是农业分工细化使农产品中间产品层次增多，农产品生产的迂回程度增加，为农业产业链城乡间延伸创造了可能，如果需求规模达到一定程度，农业生产厂商达到一定数目，则原来的产业可能分化为若干涉农产业。二是中间产品层次数目的增多也增加了知识与技术的积累，这种作用力通过系统传递到技术圈，成为技术系统的输入。三是农业分工细化增加了交易费用和监管成本，诱导了农业服务业的增长、农业企业组织创新等[3]。

随着分工圈的动力传递，另一强有力的圈，即技术圈启动运转。从历史考察，技术是人类社会进步的主要推动力，也是农业产业链城乡间延伸的催化剂。技术圈系统的动力传递机制首先是由于人类分工的不断细化，知识与技术积累量增多，人脑的开发利用程度不断深入[4]，由此产生农业技术创新：促进新的产业形成，在空间上表现为农业产业链城乡间的延伸；同时技术进步刺激需求结构发生变化，从而促进农业产业链城乡间的延伸。

最后，供给动力圈说明了资源流入供给系统后，一方面农产品销售量增加，获利增多，农业企业成长壮大，并同时伴随着大量的进入，农产品逐渐标准化、规范化。另一方面，随着农产品市场供给量的增多，交易活动越来越频繁，信息流量越来越大，信息搜寻成本增加，创造了对农业服务业的需求，为农业生产服务的辅助产业也得到快速成长。

从需求与供给的关系可以看出，供给动力圈与其他三个动力圈是互动的良性回馈，供给动力圈本身也是如此。这四个动力圈通过系统的网络效应（乘数效应）、整体效应形成了远远大于单个作用力的合力，有力地促进了农业产业链城乡间的延伸。

## 第二节  农业产业链城乡间延伸的技术路径

在城市，第二产业、第三产业发达，产业科技含量高，属资金、技术密集型产业；在农村，农业或轻工业一直处于主导地位，产业科技含量低，属劳动密集型产业。城乡产业结构的分工差异性表现为城乡二元经济结构：城市经济活动主要是处于高端的商业贸易以及资本技术密集型的第二产业；农村经济活动主要是处于低端的种养殖业、林业、渔业等劳动密集型产业。从产业链的角度看，城市、城郊和乡村的产业链，表现为相对"断链"或"短链"的形态。这样，在农业产业链城乡间延伸动力因素的作用下，农业产业链必将在城乡区域间进行延伸。

### 一、农业产业链延伸的产业延伸思路

在企业追求利润和区域政府追求区域利益驱动下，农业产业链通过不断延展而强化其专业化分工优势，最大限度地发挥劳动地域分工优势，但这种延展并非杂乱无章，必须遵循一定规律。延伸以后的产业链不再将农业局限于第一产业这样一个狭小的范围内，而是将农产品加工业、流通业、生态观光业，甚至原属于第二产业、第三产业的产业，也纳入农业产业链的结构中来[5]。农业产业链区域延伸后的产业链上每一个环节都担负着价值创造的功能，上、下游各环节之间分工合作，共同向用户提供一系列价值形态的商品。在国内现有的文献中，大部分学者将农业产业链的延伸理解为农产品加工产业链环的延长，笔者认为，这种理解是不全面的。农业产业链的延伸应该包括农产品加工价值链的延长（不包括农产品销售价值链的延伸）和可拓展价值链的拓展两个维度[6]，其中可拓展价值链的拓展包括农业观光旅游产业链环以及在社会需求推动下的生物能源、生物质材料和生物制药等新兴产业[7]。笔者认为，社会需求和农业技术的制约，生物能源、生物质材料和生物制药等新兴产业的拓展是一个远景。为了研究的方便，我们主要讨论农产品加工产业链环延伸对于推进新型城镇化与新农村建设的现实意义。

### 二、农业产业链区域延伸的基本类型

从地域空间范围角度看，农业产业链必然落脚于特定地域空间，这形成农业产业链的地域空间分布。从区域空间范围角度看，农业产业链区域延伸的基本类型包括：区域内的农业产业链延伸和区域间的农业产业链延伸两种基本类型。区域经济就是在劳动地域分工基础上具有一定区域特色的经济，从这一角度考察，产业间联系和作为这种联系的拓展形式的农业产业链延伸，仅有较少的情形是在地区范围内即实现了农业产业链环的延伸，农业产业链延伸更多的是在地区之间进行。为了研究新农村建设的需要，我们把区域内的农业产业链延伸主要界定为"农业产业链的农村区域内延伸"，而把区域间的农业产业链延伸主要界定为"农业产业链的城乡间延伸"。我们认为，基于新农村建设的需要，农业产业链延伸更多的应该是在城市与农村之间进行。

### 三、农业产业链城乡间延伸的技术路径

农业产业链的城乡间延伸必然遵循一定的空间经济运动规律。随着分工的深化，在需求、供给和技术等动力因素的作用下，农业产业链的城乡间延伸依据如下的技术路径进行。农业产业链的城乡间延伸先内后外的延伸顺序，正暗含了经济学分析先封闭后开放的思想，也是区域经济分析的基本思路[8]：

首先，在区际甚至全球范围内，确立农村农业地区的优势涉农产业链环。农业发展是国民经济发展的基础，农业产业链的城乡间延伸必先要求农村的农业自身有发展能力。因此，以国内外市场为导向，培育农业支柱产业和主导产品的竞争力是农业产业链城乡间延伸的前提。区域优势涉农产业既具有区域性又具有跨区性，区域优势涉农产业必须在跨区域的比较与选择中甚至全球范围内进行选择和确定。然而，在市场机制作用下，这些优势涉农产业链环在特定的农村区域内必将表现为短链或者孤环的产业链环形态。

其次，在农村区域之内，延伸具有短链或断链形态的农业产业链环。随着农业分工的深化，在需求、供给和技术因素的作用下，具有短链或断链形态的涉农产业链环不断延伸并整合成为一条有机联系的"农业产业链"，以分享分工及其农业产业链延伸带来的经济利益。但是，城乡区域各自基于区域本位利益的原因，对其既有涉农产业部门向联系的前向延伸和后向延伸，其结果是城乡区域分别相对独立地形成了一条或若干条农业产业链，这种意义上的"农业产业链"可能还仅是一些具有短链或断链形态的产业链，这在城乡区域系统中表现为城乡间产业的分离。

再次，在城乡之间，进行延伸并形成城乡协同发展的农业产业链群。农业分工的进一步深化，农业产业链需要在城乡间开放系统中，通过区际市场博弈，在城乡之间进行延伸。尽管分工给农业产业链城乡间延伸会带来了经济社会收益，但在实践中，这种延伸并不是理论中那样顺利。由于农业部门的弱质性，使得农业在产业链城乡间延伸中分享的分工经济收益的份额相对较小，而在城乡间延伸中承担较大的交易费用。因此，政府推力是分工动力大系统中的一个子系统，区域政府必将成为促进农业产业链城乡间延伸和整合的现实动力。从而在城乡之间，由区域政府按照劳动地域分工原则和宏观调控目标要求，在城乡之间开放系统中，重新进行涉农产业链若干环节的延伸，最终形成更大区域范围内的、更为完整的、城乡协同发展的农业产业链群。

## 第三节　农业产业链城乡间延伸的产业分工与关键环节

农业产业链城乡间延伸，从理论经济学意义上讲，是经济活动的合理分工；从区域经济学意义上讲，是经济活动在中心城市、城市郊区和广大农村区域合理的空间配置；从产业经济学意义上讲，是城市、城郊和乡村三种各有侧重的产业经济活动在区域空间上形成产业链。

## 一、农业产业链城乡间延伸的产业分工

延伸后的农业产业链是一条在地域空间上延展于城市和乡村两个区域单元，在产业空间上链接服务业、加工制造业和农业三次产业，以市场需求和经济效益为导向、农副产品加工和工业制造业为主体、订单农业为基础的贸工农产业链。延伸后的农业产业链是农村农业产业链向城市市场延伸的区域空间展现，它延展于城市、城郊（或县域城镇）和农村三个区域单元。

1. 城市发展无污染或轻度污染的商贸等生产性服务业和涉农高科技制造业，包括商贸等生产性服务业以及生物制药业、转基因食品制造业等涉农高科技制造业。虽然城乡经济的交流和渗透是双向的，但目前的主流仍然是具有经济技术强势的城市第二产业、第三产业向经济技术弱势的农村农业进行辐射。农业产业链的延伸不能以牺牲"非农"利益来给予"农业"的帮助和支持，只能是二者的"双赢"。因此，关键是要形成"以工补农""以城促乡"的城乡统筹发展机制——只有城乡产业互动起来，才能更好地促进城乡经济共同繁荣。

2. 城郊（或县域城镇）发展农村大农业向城市商贸服务业转换的加工业和物流业，包括农产品加工业、农业服务业、农业物流业等。城郊（或县域城镇）区位独特，应该面向城市市场，利用乡村提供的农副产品和轻工业原料大规模地发展农副产品和轻工原料的加工、深加工与精加工，并尽可能拉伸其加工产业链条。此外，城郊（或县域城镇）还可以凭借交通区位优势，建立以生产资料流通为主的专业性市场，发展农业物流业。

3. 农村发展订单农业和大农业环节，包括面向城市市场需求的种植业、生活服务业、农业观光旅游业等。农业产业链的城乡间延伸必然先要求农村的农业自身有发展能力。因此，在延伸农业产业链时，农村农业发展应该密切关注市场需求，围绕城市需求发展农业种植业，进而向农业观光旅游业等产业拓展或为城市生产生活提供食品原料、轻工业原材料。

## 二、农业产业链城乡间延伸的关键环节

农业产业链城乡间延伸的基本出发点是打破城乡之间的分割状态，通过"以城带乡""以工补农"，发展农村农业经济。城乡间农业向商贸业转换的郊区（或县域城镇）的农业加工业与农业物流业环节，是农业产业链城乡间延伸的关键环节。按照区域经济发展的一般规律，从不发达逐步走向发达，区域开发的重点将依次从"增长极开发模式""点轴开发模式"到"网状开发模式"。笔者认为，郊区（或县域城镇）适宜使用"点轴开发模式"，可以按照"点轴"布局体系，建立以"点轴开发"网络为核心框架的经济区域系统，它将有利于冲破城乡壁垒，其依据是：第一，交通干线的延伸及其运营可以跨过城乡之间的"行政藩篱"，不受城乡壁垒的严格约束；第二，郊区（或县域城镇）作为"点轴"中的"点"，在市场经济体制日益完善的条件下，其经济集聚、扩散与辐射功能的发挥基本上不受城乡壁垒的限制，而是按其所影响的腹地范围为辐射及带动的边界。这样，城市与农村间的农业产业链延伸机制将得到更好的保证。

第一，在农业产业链系统中，生产者是最薄弱一环，由于农户分散经营，组织化程

度低；而加工产业具有较强的市场力量，以加工产业为中心能够保证生产活动的稳定性。第二，虽然农业物流环节不是农业产业链延伸的环节，但由于农业物流中心具有较大的规模与物流能力，农业物流产业联结产业链上、下游环节，是联结生产、加工、零售的核心环节，农业物流中心能有力地促进农业产业链向上、下游延伸。总之，郊区（或县域城镇）可以着力发展成为涉农加工业中心或农业物流中心，着力构建以涉农加工产业和农业物流业为增长极的城乡统筹发展的农业产业链系统。麦吉（McGee，1989）教授提出的 Desakota（城乡融合区）的概念，指的是在同一地理区域上同时发生的城市性和农村性的行为。郊区（或县域城镇）可以借鉴 Desakota 的发展模式：在面向城市需求、引导乡村产业发展的进程中，通过产业迂回，创新性地形成若干新涉农产业部门并培育成为新的城乡区域经济增长点（小城镇），从而有效地链接城乡之间具有短链或断链形态的涉农产业链环，保证农业产业链在城乡间顺利地延伸。

## 第四节　农业产业链城乡间延伸的效应模式

随着农业分工的深化，在需求、供给和技术因素的作用下，具有短链或断链形态的农业产业链在城乡之间延伸，以分享分工带来的经济利益。这种延伸遵循先内后外的区域经济运动规律和技术路径进行。延伸后的农业产业链是农村农业产业链向城市市场延伸的区域空间展现，它延展于城市、城郊（或县域城镇）和农村三个区域单元。其中，郊区（或县域城镇）的涉农加工业与农业物流业环节是农业产业链城乡间延伸的关键环节。新型的农业产业链将沟通城乡两个地域、链接三次产业，能较好地打破城乡两套封闭体系独自运行局面，沟通三次产业的内在经济联系，进而成为协调推进新型城镇化与社会主义新农村建设的重要途径。

建设社会主义新农村，首要的就是要做到"生产发展"。在农村，"生产发展"主要应该体现在农业生产的发展方面。发展农业生产，关键是拓展农业产业链，接通第二产业和第三产业，并使第一产业与第二产业、第三产业融为一体，共同发展。构建链接三次产业、沟通城乡两个地域，融研发、科技于一体的贸工农产业链：一方面可以较好地整合城乡经济资源，打破城乡两套封闭体系独自运行局面；另一方面可以整合三次产业的经济活动，沟通其内在经济联系。具体表现如下：

### 一、激活城乡经济发展要素交流

其着眼点就是农业产品向商贸产品的加工转换工作，更进一步是担负起乡村传统农业向城市需求的现代农业和现代轻型工业的转轨导向与服务工作。

### 二、在贸工农产业链的接通与延伸中创造新的劳动力就业岗位

无论是接通产业链还是延伸产业链，都可以产生一些边缘产业部门，这就必然产生了一批新的就业岗位。这对于缓解城市就业压力并吸纳农村剩余劳动力就业有特殊重要的意义，也是推进新农村建设的一个重要途径。

### 三、在构建与经营贸工农产业链中提升城乡经济效益

对延伸后的产业链进行合理的经营，将使传统意义上的农民、农业和农村与现代的市场、商贸和加工业紧密地联系在一起；且农业、工业和商业，农民、工人和商人，农村、城郊和城市都联结成为一个经济利益和市场风险共同体，各方有机整合为一个有机统一体，也就实现了城乡统筹发展，推进了新农村建设。

### 四、城乡经济结构效益得以现实体现

这从空间上考察，农业—加工业—流通贸易业三大产业环节合理地布局在乡村—城市这两个地域板块上。这一链条在面向城市需求、了解市场需求，引导乡村产业发展和搭建贸工农产业链的同时，通过尽力接通产业链、修补断环并延伸产业链，在城乡之间创造性地形成若干新产业部门并着力培育成为新的经济增长点，最终就可以推进新农村建设。

## 第五节   促进农业产业链城乡间延伸的政策建议

农业产业链城乡间延伸本质上要求以第二产业拉动第一产业的发展，以第三产业推进农产品流通和进入市场，推动农村第一产业向城市第二产业、第三产业延伸，从而使农业更多地分享到农业分工和农业产业链延伸带来的经济利益。但是，纯粹的分工并不一定意味着效率的提高，协调经济是分工经济更为深厚的来源和基础。因此，区域政府是协调和促进农业产业链城乡间延伸现实的重要动力，区域政府应当在推进产业互动、城乡统筹发展的思想框架下，制定和实施推进农业产业链城乡间延伸政策。具体来说，可以从以下几个方面来促进农业产业链城乡间延伸：

### 一、改革城乡分离的政策

1. 合理界定城乡各主体的利益边界。经济利益是农业产业链城乡间延伸的物质基础，但由于农业部门的弱质性，使得农村在农业产业链城乡间延伸中分享的分工经济收益的份额相对城市要小，而在城乡间延伸中承担比城市较大的交易费用。因此，必须铲除旧有城乡市场壁垒和重构新的城乡利益格局。国家可从宏观上通过法律手段和政策途径，规范城乡市场交易秩序，对城乡之间及其内部各市场的活动主体之间和利益群体进行兼顾效率和公平的"定位"，以排除利益驱动力导致的城乡产业分离。

2. 改革现有城乡分离政策。政策是政府对农业干预的一般手段，现行的城乡分离政策主要表现在户籍政策、劳动保护和就业政策、住房政策等方面。政策改革的目标是逐步破除影响产业互动、城乡统筹、农业产业链城乡间延伸的体制性障碍，不断增强郊区（或县域城镇）经济发展的动力，使之有效地链接城乡之间具有短链或断链形态的涉农产业链环，促进农业产业链的城乡间延伸。

3. 构建城乡市场的联动机制。美国经济学家迈克尔·波特认为：一个产业的竞争力与相关及支持产业的表现及能力密切相关。因此，可以根据资源分布、社会劳动地域分工和市场需求，在区域范围内组建一批适应城乡经济市场发展、适应开拓国内外市场的大中型商品生产基地，以此为基点来推进农业产业链的城乡间延伸。同时，积极扶持发展城乡互惠互利的全国性或区域性农业产业链经营组织和市场中介组织，并以此组织为基础，链接城乡市场，打破城乡隔离，同时克服小生产与大市场的矛盾，有效地促进农业产业链的城乡间延伸。

## 二、培育城乡一体的市场体系

1. 构筑城乡经济网络。市场的大小决定分工程度。因此，有必要构筑以大城市为中心或中心城市为中心的，以生产协作网、商品流通网、资金融通网、技术信息网、劳动力移动网等的要素复合运动形成的城乡间经济网。这有助于城乡之间发展经济协作，打破城乡封闭，组织城乡商品流通、资金流通以及技术信息、劳动力等在城乡之间合理流动，保证农业产业链在城乡间顺利地延伸。其中，交通事业是发挥城市在城乡互动中的带动作用的传导神经。因此，大力发展交通事业是推进城乡农业产业链延伸的重要途径。

2. 培育和发展城乡市场体系。在市场经济体制环境下，市场需求是现代生产和再生产的根本动力。由于相互融合和协调运行的城乡统一大市场基本上还没形成，现有的城乡市场在很大程度上还处于分离状态，从而造成要素市场发育不健全，要素在城乡间合理配置缺乏畅通的渠道。因此，尤其需要重视培育和发展多层次城乡统一大市场，推动乡村市场的发展，使市场真正成为链接城乡经济联系和农业产业链城乡间延伸的纽带与桥梁。

3. 发展城市商贸服务业。区域农产品需求的变化将为农业分工细化提供市场容量。然而，城市商贸服务业为农业、农村工业提供的社会化服务的落后状况，严重制约了农业产业链城乡间的延伸。因此，大力发展城市商贸服务业，是培育城市市场的重要举措，将从整体上促进城乡商品交换关系向纵深发展，进而促进农业产业链城乡间延伸。同时，郊区（或县域城镇）可根据中心城市的发展需要，逐步构建以原有产业为基础；以若干适应于市场需求的骨干农产品、加工产品生产和农业物流业为龙头；以相关部门密切配合的产、加（工）、售一体化的规模化基地型发展模式。

4. 壮大农业产业链龙头企业。农业产业链城乡间延伸的主体是农业企业，尤其是农业产业链龙头企业，壮大龙头企业将为农业产业链城乡间延伸奠定物质基础。龙头企业应充分发挥当地农业资源优势，重点发展农林牧副产品的加工、物流产业。壮大龙头企业要以城市市场需求为导向，积极开展与城市企业间的横向经济联合，以城市大工业为依托，接受城市企业技术、资金辐射，为城市提供各种专业化的协作配套。各级政府和银行要在政策上给予优惠和支持，企业自身要不断健全完善运作机制，使龙头企业真正带动整个产业链不断延伸。

## 三、加快郊区或县域中心镇的产业培育

1. 加快郊区或县域中心镇的发展。郊区或县域中心镇的加工业与物流业环节是农业

产业链城乡间延伸的关键环节。因此，可以选择地理条件、环境资源条件及市场条件适宜和乡镇企业及人口比较密集的乡镇，组织建设不同类型的现代化新型郊区（包括县域中心镇）。这些城镇作为生产要素的集聚点，形成城乡区域的新经济增长中心，这些新的区域增长中心与原有的中心城市、广大农村结合在一起，形成城乡共融的农业产业链发展格局。从这种意义上说，这种城乡统筹发展的过程是城市功能向农村的渗透过程，也是农业产业链在城乡之间不断延伸的过程。

2. 促进城乡产业互动。"大农业""大流通"的思想不再将农业理解为第一产业这样一个狭小的范围内，而将传统的农业产业链不断地向农产品加工业和流通业，甚至向生态观光业延伸。这样，原属于第二产业、第三产业的农业关联产业，也被纳入农业产业链的结构之中。因此，农业产业链是三次产业互动、城乡统筹发展的重要载体，城乡区域政府要遵循农业产业链延伸的内在规律，转变就农业抓农业、就工业抓工业的传统思路。同时，城乡区域政府要重视当地产业之间的相互联动关系，有意识地强化产业之间的互动关系，第二产业、第三产业发展面向第一产业，通过三次产业的相互链接，延伸农业产业链，在"以工养农"的基础上，发挥"以农养农"的潜力。

### 四、构建协调发展的城乡区域治理结构

1. 建立跨越城乡的行政组织协调机制。产业链的发展能力是指产业链获取超过该产业正常利润的能力，即获得产业超额利润的能力。在城乡分割的管理体制和以地方利益为重的情况下，促进农业产业链城乡间延伸特别需要有调控能力的协调机构，包括通畅的联系机制和合理的组织协调机制。运行机制必须在城乡统筹发展的同时，重视市场配置的基础作用，让市场机制有效地"冲击"农业产业链城乡间延伸中的"行政区藩篱"，使农业产业链延伸的目标与地方政府发展的目标一致，并符合现实的要求。

2. 加快构建跨越城乡的涉农企业集团。美国经济学家迈克尔·波特认为，由纵向一体化产生的协同经济，是指当企业的产量达到有效的规模时，企业通过纵向一体化在生产、销售、购买等环节以及其他领域里获得的经济效益或费用节约。农业产业链城乡间延伸的主体是农业企业，涉农企业集团的市场力量有利于打破城乡壁垒，合理安排其内部组织的空间结构，客观上起到跨城乡区域间协调的作用，成为一种客观存在的协调机制。在农业产业链延伸过程中，城乡利益难以通过"行政性协调"，生产要素的流动难以通过"行政性方法"解决时，跨越城乡的大型涉农企业集团的建立及运作将会起到很大作用。

3. 有效激活涉农行业协会的活力。从国外经验看，行业协会作为一个行业自律性组织，可以弥补政府和企业无法起到的作用或职能。跨越城乡组建涉农行业协会可突破城乡界限，并赋予有助于农业产业链延伸的相应职能，使涉农行业协会成为行业、社会与政府联结的纽带。如引导不同地区涉农产业经营主体的联合、分工与合作，实现规模经营；推进城乡之间的专业化分工协作，形成涉农产业集群经济。在促进农业产业链城乡间延伸的过程中，涉农行业协会可以弥补行政组织协调机构和涉农企业集团难以起到的作用或职能。

**注释**

[1] 刘斌. 产业集聚竞争优势的经济分析[M]. 中国发展出版社，2002：12-13

[2] 陆国庆. 衰退产业论[M]. 南京：南京大学出版社，2002：40

[3] Romer，P.. Increasing returns，specialization，and external economies：Growth as described by allyn young[J]. American Economic Review，Papers and Proceedings，1987

[4] Becker，G.，Murphy，K.. The division of labor，coordination costs，and knowledge[J]. Quarterly Journal of Economics，1992，107：1137-160

[5] 李晓阳，王钊. "以工补农"的内涵规范及其政策建议. 改革，2006，（2）：69-70

[6] 王艺，王耀球. 构建新型农业产业链[J]. 中国储运，2004，（5）：31

[7] 国风. 改造传统经济[M]. 北京：经济科学出版社，2006：31

[8] 龚勤林. 区域产业链研究[D]. 四川大学博士论文，2004：71

# 第十章　农业产业链的价值整合机制

中国农业已经进入了一个新的发展阶段。随着农业生产力的提高，由"数量型"农业向"价值型"农业转变，将成为中国农业发展的必然趋势。面临国外优质农产品所带来的冲击，农业产业链之间的竞争将越来越激烈，继续孤立地追求产业价值链上某一个环节价值最大化，势必不利于整个产业链绩效的提高。如上所述，农业产业链是实现新型城镇化与新农村建设协调发展的基础条件。因此，我国农业迫切地需要从整个产业链的角度来研究问题，并由此建立统一的价值链战略框架，寻求整体优化的农业产业链价值整合模式。

## 第一节　农业产业链的价值形态及其价值整合中存在的不足

### 一、农业产业链的价值形态

农业产业链是产业链的一种特殊形式，包括农业产前环节、产中环节、产后加工环节、流通环节和消费环节，即农产品从种苗培育到大田管理、农畜产品加工、保鲜直至流通、市场销售等所有环节和整个流程[1]。波特的价值链概念是建立在企业层次上的，但价值链的方法可以应用到产业层次上进行分析，产业层次的价值链表现为产业链的价值形态（又称产业价值链）。农业产业链的价值形态是农业产业链价值创造的结构形式，代表着农业产业链的价值属性，决定着农业产业链的经营战略和竞争优势。农业产业价值链包括如下次级价值链环：产前的农业生产资料供应商、产中的农产品生产企业和农户、产后的农产品加工和营销企业、农产品及其加工品的消费者以及为农业产业链各链环提供各种服务的企业或组织[2]。

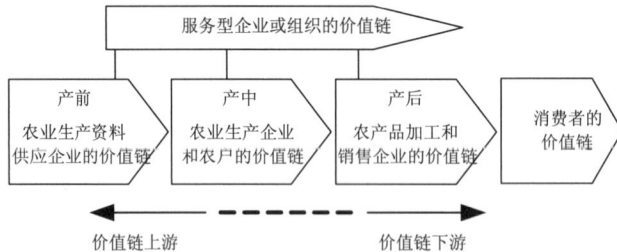

图 10-1　农业产业链价值形态示意图

如图 10-1 所示，处于价值链上游环节的企业，主要通过为生产企业和农户提供各种生产资料如土地、种子种苗、饲料等来创造自身价值；处于价值链下游环节的加工型企业和销售型企业，主要通过收购生产企业和农户的产品进行加工和贸易来创造自身价值；

处于价值链体系中为整个农业产业链服务的服务型企业或组织，主要通过为各经济运行主体提供各种服务来创造自身价值；处于价值链中游环节的生产型企业和农户（大型的农产品生产基地或区域内最大的农产品生产者），以自身的生产来创造自身价值。

## 二、农业产业链价值整合中存在的不足

整合的本质就是对处于分离状态的事物或现状重塑。农业产业链价值整合是农业产业链各链环之间的协调化，即将农业生产、加工、销售等环节连接成一个有机整体，并对人、财、物、信息、技术等要素流动进行组织、协调与控制，使得农业产业链环之间的连接、合作与协调，以期获得农产品价值增值的活动过程。根据社会资源状况和市场需求状况的变化，在农业产业链环之间合理配置生产要素，协调各农业产业链环之间的比例关系，从而提高农业产业链的聚合质量[3]。从产业价值链的观点看，农业产业链整合是基于产业链整体价值链整合，即农业产业链的价值整合，它强调从农产品生产、加工、销售到最终消费的价值创造、价值协调、价值增值以及价值分配等一系列的整合活动。传统观点认为，在价值链上游的生产农户或企业提供投入，然后在投入上增加价值，再交给价值链下游的其他成员和最终消费者，实现各个阶段的利润最大化。各个利益主体单方面追求自身价值的最大化，忽视甚至损害下游或者上游主体的价值实现，最终将不能实现产业链整链价值最大化。主要存在以下几个方面的不足：

1. 农业产业链各链环间的价值链存在冲突。产业链各链环在自身价值最大化目标的驱动下，各链环间关系实际上是买卖关系，从而陷入了一种困境：每个成员都过多重视自身利益最大化的行为往往与整体利益发生冲突，利益关系纽带作用比较脆弱。特别是龙头企业没有真正寻找到应该发挥龙头带动作用的环节，而与参与企业和农户业务重合，各价值链环间产生冲突。农户与生产企业之间、企业与企业之间不能形成一条紧密的利益链条，无法实现风险共担、利益共享的运行机制。当龙头企业经营目标与农户生产趋向吻合时，二者尚能共享利益，一旦这些龙头企业利润减少时，它就会产生损害农户利益的现象。对于农户来说，当看到与这些龙头企业联结有利可图时，就要与之结成各种关系，要求龙头企业承担各种义务和责任；当农户看不到什么好处时，又经常会违约，结果往往造成两败俱伤，形成不了整体效益。

2. 没有形成一条完善的供产销或种养加价值链。农业产业链缺乏价值协调机制，忽视产业链其他成员的价值链活动，在重视内部价值活动的时候，成员之间不愿就价值分配进行协调，增加了整个产业链的不稳定性与运行风险。产业链成员之间的价值链活动是相互影响的，如果产业链成员把自己的业务活动作为一个独立活动，难以获得准确的需求或供应信息，势必增加整条价值链的运行成本。农业产业链最大的特点就是产供销、种养加整合化经营，但有些农业产业链出现供产销、种养加不配套，没有形成一条完善的价值链，更没有对系统价值链进行有效的整合，从而影响系统的整体效益。

3. 系统内存在非市场安排机制。农业产业链是龙头企业和参与对象各自经济利益的内在需要而引致的制度创新。因此，必须以市场需求为导向，以资源市场配置为基础，以顾客价值的创造和资源效率的提高为目标，以各参与主体利益最大化为动力，进行农

业产业链的整体运作。不按价值链系统来组织农业产业链，是不可能使系统良性循环，进而培育持久性的产业链竞争优势的。

4. 忽视竞争对手的价值链。当农户与农户之间的竞争、企业与企业之间的竞争变成产业链与产业链之间的竞争情况时，产业链一味注重内部价值链，必将使整个产业链缺乏根据市场需求进行行业整体价值链活动进行创新的能力。因为忽视竞争对手的价值链，无视自己与其他类似产业链的差距，势必不利于整个产业链绩效的提高。

## 第二节　农业产业链价值整合的关键链环与基本模式

随着农业的发展，"数量型"农业向"价值型"农业的转变将成为必然趋势，实现以产业链各环节价值协调、价值增值以及价值实现为目的的农业产业链价值整合，成为一种适应农业发展的新型发展模式。成功的农业产业链整合不仅只实现农产品的价值增值，而是在价值链成员（包括生产农户或企业、加工企业、批零企业以及最终消费者）中重新安排价值活动及协调与成员之间价值分配的关系，分散的农业生产被整合进一个统一的经营体制内[4]，从而实现产业链整体价值最大化，提高整链的竞争能力。农业产业链上各个环节增值能力是不同的，其中产后加工和产后销售链环增值能力较强，是农业产业链价值整合的关键链环。

### 一、农业产业链价值整合的关键链环

农产品生产者、加工商、批发商、零售商在农产品的价值增值的实现上，是互相依存的。但是，在农业产业链环上，各个企业的地位不是均等的。因此，不必要对每个企业同等关注，应该对链上某一环节和某些环节以更多关注，这些环节也就是关键链环。从产业价值链的观点看，产业链企业间各种资源的流动是一个不断增值的过程，产业链上每一环节增值与增值的大小都会影响产业链上各环节的竞争力，产业链上各个环节增值能力与增值的大小是不一样的。其中，增值能力较大的环节成为农业产业链价值整合的关键链环。遵循抽象的研究方法，我们将农业产业链大致分为产前、产中、产后加工和产后销售等基本价值链环，进而可以寻找产业链中关键链环。

波特的价值链理论中，各环节都是企业整体价值的创造环节，但是各项经济活动对于企业价值的创造或贡献率是不均等的，企业管理者就是要在企业经济活动中发现价值环节，并尽可能寻找对企业总价值贡献大的环节，加以重点培育和牢牢控制，这一战略思想对于农业产业链价值整合研究具有积极的借鉴意义[5]。如图 10-2 所示，横轴表示农产品的各个增值环节，实线表示产品的价值，虚线表示产品的成本，实线与虚线之间的面积表示各个环节的增值能力，各个阶段价值线与成本线之间面积的大小表明各个环节增值能力的大小。显然，产后加工和产后销售链环在整个产业链中增值能力较大，成为农业产业链价值整合的关键链环。

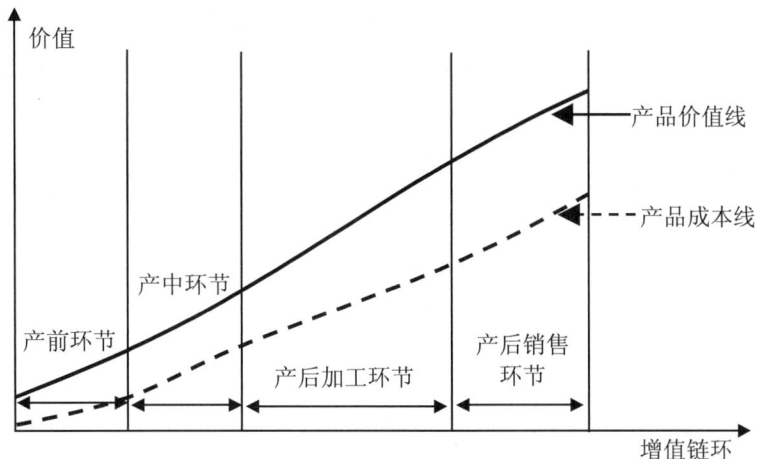

图 10-2 农产品价值增值过程与增值能力示意图

## 二、农业产业链价值整合的基本模式

农业产业链价值整合的主要内容是创新产业链组织模式，基于农业产业链价值整合的关键环节的分析，我们把农业产业链价值整合的主要形式分为两种：以加工企业为核心的整合模式和以物流中心为核心的整合模式。构建以龙头企业为主体的整合平台是农业产业链价值整合的技术基础。

1. 以加工企业为核心的整合模式。在农业产业链中，农户生产者是最薄弱一环，由于农户分散经营，组织化程度低，在产业链中处于不对称的弱势地位，因而可以通过建立以加工企业为中心的农业产业链整合模式，发挥产业链整体优势，如图 10-3 所示。

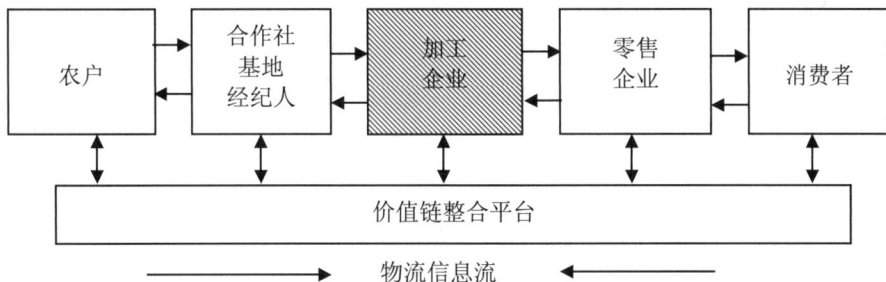

图 10-3 加工企业为中心的农业产业链价值整合模式

在该模式下，产业链整合的过程是通过加工企业内外部整合水平的提高，带动上、下游环节进行相应的协调与整合，最终形成统一的产业链价值整合平台。加工企业具有较强的市场力量，以加工企业为中心能够保证生产活动的稳定性，在资金技术和生产资料等方面由公司为农户提供支持，同时企业在加工原料的供应上获得了保证。通过农户的组织化，可以通过规模经济提高生产效率，降低生产成本。

在该模式下，产业链整合平台包括企业间的利益联结机制与统一的战略目标分析机制及产业链绩效评估机制，其中加工企业的素质成为产业链价值整合成功的关键。因为

在产业链整合中，产业链整合的主要任务交给了加工企业，有可能使加工企业的管理成本提高，风险增加[6]。因此，加工企业必须根据价值链管理理论，进行业务流程重组，逐步提高整合效率，降低管理成本；同时，应注重核心业务的开发，在此基础上进一步拓展业务，通过非核心业务外包的形式来降低物流成本。

2. 以物流中心为核心的价值整合模式。对于有些农产品特别是大宗农产品，可以着重建立以物流配送为中心的产业链整合模式，最终通过建立农业物流中心完成产业链价值整合。对于生鲜农产品，可以通过构建加工物流一体化的物流中心实现农产品的快速高效配送，减少流通环节，提高农产品的新鲜度与质量。这种以物流中心为主导的农业产业链系统一般是以商业流通企业为主的物流系统。其系统模式如图 10-4 所示。

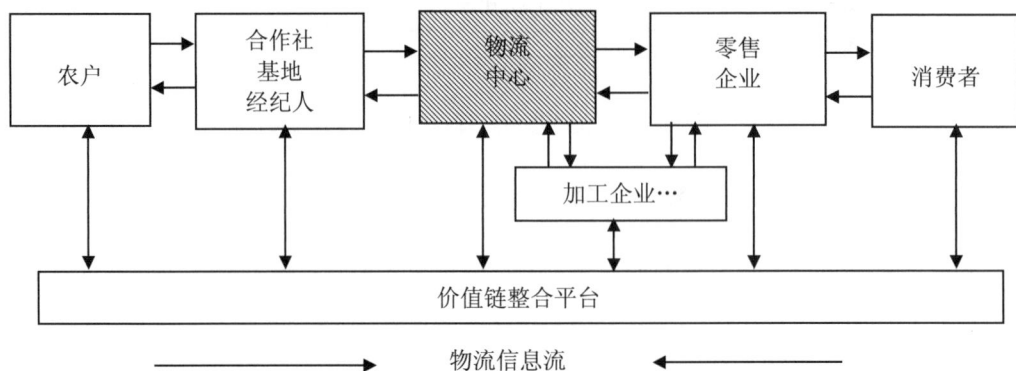

图 10-4  以物流中心为主导的产业链价值整合模式

在该模式下，由于物流中心一般具有较大的规模与物流能力，一般可以同时为多个上游环节及下游环节提供物流服务[7]。物流中心可由对原来的批发市场的改造，配备完善的物流体系和信息平台，使得物流中心成为联结产业链上、下游的核心环节。另一种比较现实的解决途径就是连锁企业如大型超市的配送中心向上游延伸和发展，形成生鲜农产品加工配送中心。这两种类型的物流中心分别从产业链上游向下整合和从产业链上游（连锁超市）向上整合形成，前者位于产业链上游，往往应用于农产品大宗商品跨地区调配，从而实现农产品作为产业链生产原料的配置；后者的目的是面向连锁超市实现的生鲜农产品的快速调配，从而满足最终消费者的需求。

## 第三节  农业产业链价值整合平台的运行机制

在农业产业链整合中，农业产业链价值整合平台起到了关键的支持作用，构建以龙头企业为核心的农业产业链的价值整合平台是产业链整合的技术基础。

### 一、农业产业链价值整合平台的运行机制

如图 10-5 所示，建立在产业链企业原有组织结构之上的农业产业链的价值整合平台，通过向前整合与向后整合产业价值链，分析从农产品供应到中间需求直至最终需求的整

条价值链，分析产业链各环节的价值链活动以及竞争对手的价值链活动。首先，价值链整合平台收集（用虚线表示）、整理、分析产业链各环节以及竞争对手价值活动，找出行业价值链以及各环节内部不增值的价值活动，比较自身价值链与竞争对手价值链，了解竞争对手的成本情况、市场份额，评价其与竞争对手相比的成本态势，找出自己在竞争中的优势与劣势；然后，价值链整合平台把这些信息反馈（用实线表示）给农产品供应商、中间需求商以及最终消费者，帮助他们在运行过程中消除不增值的活动，降低运行成本，增加消费者满意度；再次，各环节在价值链中贯彻实施（用宽箭头表示）；最后，进入新一轮收集、分析、反馈的不断的循环过程中，最终实现产业链价值最大化，提高产业链的市场竞争力。

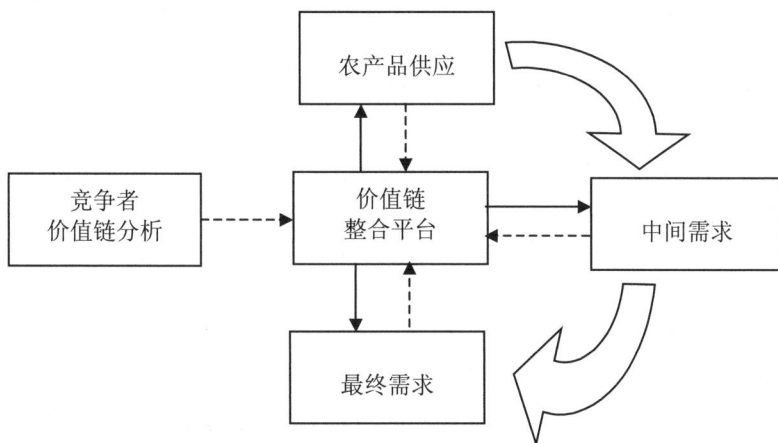

图 10-5　农业产业链价值整合平台的运行机制示意图

此外，产业链价值整合平台还根据消费者的需求、口味的变化，通过改善产品的品质、增加产品的花样、加强产品的服务等活动达到价值创造的目的[8]。同时，农业产业链整合平台通过价值活动的分析，调整成员之间的价值分配，增加价值链的稳定性。价值链各环节的价值协调不是价值平均分配，而是使价值链各环节利润率的比率趋于公平，比率差异程度越大，表明价值协调的效果就越差，比率差异程度越小，价值协调的效果越好。

## 二、农业产业链价值整合平台的微观载体

从微观组织形式看，农业产业链是围绕核心企业，通过对信息流、物流、资金流的控制，将农户、供应商、制造商、分销商、零售商直到最终用户连成一个整体的功能链网式结构。农业产业链价值整合，其实也就是不断地分析产业链中各产业链环对产业链整体利益的创造份额和总量，并着力打造和培育其中作用较突出的关键链环，即"优势产业""支柱产业"，甚至将其培育成产业链的"主导产业"。对于产业链环，我们可以从中观的产业层次和微观的企业层次理解，从微观的企业层次看，农业产业链的关键链环就是龙头企业，可以是一个独立的企业或企业集团，也可以是由两个或多个企业组成的合资企业或战略联盟。龙头企业是农业产业链的链主，是农业产业链整合平台的微观主体。

龙头企业选择农业产业链节点，协调农业产业链网络中不同节点企业的行为，挖掘

农业产业链潜力并实现集成优势，承载着农业产业链组织者与协调者的功能，成为农业产业链价值整合平台的微观组织形式（载体）。具体来说，作为农业产业链的龙头或价值整合平台的微观主体，它有效地组织农业产业链的运作，必须起运营中心、信息中心、战略中心、技术创新中心和市场谈判主体的作用。可以说，龙头企业对整个农业产业链的价值整合具有较强的促进作用，它发展的好与坏直接决定着整个农业产业链成长的好与坏。抓住了龙头企业，其他环节的工作也就相应地被带动起来了，从而达到"牵一发而动全身"的效果，进而形成产业链独立的竞争优势。

**注释**

[1] 左两军，张丽娟. 农产品超市经营对农业产业链的影响分析[J]. 农村经济，2003，（3）：31

[2] 叶玉琴. 农业产业化经营中龙头企业价值链的构建及管理探讨[J]. 农村经济，2005，（11）：38

[3] Du，Y. F.，Jiang，G.J.，Li，S. R.. Industrial vertical definition[J]. Journal of System Science and Information，2004，（2）：389-394

[4] 杨国才. "以工促农"传导机制的整合及其政策建议[J]. 改革，2007，（5）：72

[5] 迈克尔·波特. 竞争优势[M]. 北京：华夏出版社，2001：20

[6] 朱毅华. 农产品供应链物流整合实证研究[D]. 南京：南京农业大学博士学位论文，2004：47-49

[7] Lynch，Keller，Ozment. Effects of logistics capabilities and strategy on firm performance[J]. Journal of Business Logistics，Special Section，2000，21（2）：47-67

[8] 戴化勇，冷建飞. 基于产业链的农产品价值链管理[J]. 农场经济管理，2004，（3）：20-21

# 第十一章　地方产业集群与城镇化互动发展机制

产业集群已经演绎为当今经济版图的一个重要现象，这些集群吸收聚集了稠密的经济能量，成为区域政府发展社会经济的必然选择[1]。产业发展以地域空间为载体，地方经济发展以地方产业集群为基础。地方产业集群与所在区域的城镇结合形成区域性中心镇，业已成为支撑东部地区新型城镇化与新农村建设协调发展的战略节点。东部地区的集群崛起与城镇发展之间具有强烈的伴生性，存在相互作用的机制，单纯侧重于任何一方都无法有效地解读"地方产业"及"城镇"发展进程中所表现出来的独特性及面临的诸多问题，也难以提出有效的对策建议。因此，本章试图将地方产业集群与城镇化纳入统一的概念框架，通过对浙江杭州 3 个中心镇的案例研究，揭示地方产业集群与城镇建设互动发展的机理，进而探讨推进二者互动发展的对策建议。

## 第一节　理论分析与研究框架

### 一、工业化与城镇化的一般关系

城镇化的本质特征主要体现在农村人口在空间上的转换、非农产业向城镇聚集以及农业劳动力向非农业劳动力转移。近代世界经济发展史表明，城镇化和工业化有着内在的联系，两者的协调发展关系到一个国家或地区社会经济的快速、健康发展。发展经济学家佩鲁、缪达尔认为，城镇化在经济发展的过程中具有循环累积的性质，以美国经济学家克鲁格曼、英国经济学家维纳布尔斯为代表的新经济地理学派，提出的迁移驱动模型和投入—产出联系驱动模型解释了城镇化与经济互动发展的作用机理[2]。工业化与城镇化是区域社会经济发展中密切联系的两个侧面，二者并非"因果"关系而是"互动"关系：工业化从生产与消费需求和结构转变方面带动城镇化，城镇化通过空间结构的转变，吸引各种经济要素持续不断地向城镇集聚，促进工业化发展[3]。工业化与城镇化互动具有一定的阶段性：在工业化初期，城镇化是由工业化推动的，城镇化率与工业化率的变动有较高的相关关系；当人均 GDP 大于 300 美元以后，城镇化率明显高于工业化率；随着人均收入的进一步增长，城镇居民对服务的需求也相应扩大，工业化速度开始明显滞后于城镇化进程。

### 二、产业集群与城镇化的关系

产业的区位选择和集聚过程是城镇化发展的主要动力，聚集经济将工业化与城镇化紧密联系在一起[4]，城镇化是特有经济空间的第二产业、第三产业区位的形成、聚集和发展以及与其相伴随之产生的消费区位的形成和聚集过程。一方面，经济主体为了获得这

种规模，经济会选择在某一区位进行规模生产（即产业集聚），表现为第二产业、第三产业的成长，而第二产业、第三产业的聚集还会产生乘数效应，进一步促进资源集聚和城镇化进程。这种乘数的交互作用，使得城镇聚集经济得以实现，从而使城镇化水平进一步得到提高[5]。另一方面，一些关联的经济活动及其从业人员也会就近选址（即人口集聚），集聚在一起的人员和经济活动又会产生出积极的外部效应（即集聚经济），集聚经济的作用甚至吸引进一步那些与最初活动无关的经济活动和人口进行集聚，从而开始城镇化过程的不断演进[6]。

### 三、地方产业集群与城镇化互动发展机制的理论建构

1. 地方产业集群与城镇化互动发展机制

工业化与城镇化的互动关系来源于集聚经济，城镇化为产业集聚创造条件，而产业集聚是城镇化的"加速器"。地方产业集群与城镇化互动发展机制是区域内的产业要素、空间要素、人口要素以及制度要素等互动作用的一种组织关系，表现为产业集聚经济与政府制度创新的互动，并由此形成的推力和拉力机制。如图 11-1 所示。

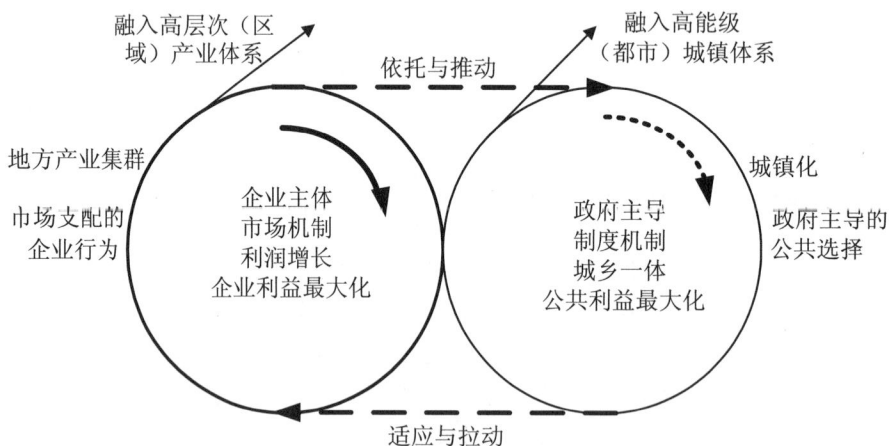

图 11-1 地方产业集群与城镇化互动发展机制示意图

首先，企业通过空间上的集聚，获取企业规模经济和集聚效应，为产业结构的优化重组提供途径。并且，产业集群带动人口在城镇的集聚，使空间要素本身得到集约化利用。其次，制度创新机制是城镇政府为达到社会资源最优配置而制定的一系列决策、约束和激励机制。通过建立有效的创新机制和相关的产业集聚机制，可以有效引导产业在空间上合理布局，使得社会生产能力和效果最优。再次，产业集聚经济与政府制度创新互动作用，由此形成的推力和拉力机制。地方产业集群依托小城镇空间，推动人口向更高层次的聚落空间转移，使得城镇进一步融入高能级的大都市城镇体系；城镇化适应集群经济的需要拉动地方产业集群成长，进一步融入高层次区域的产业体系，最终实现城镇体系与产业体系的有机融合。

2. 互动过程中的反馈机制及其表现

城镇化与地方产业集聚经济存在着互动发展的作用机理。依据工业化与城镇化的匹

配程度，可以将其互动发展区分为协调与不协调两种状态：在发展的某个阶段，当地方产业集聚发展水平与城镇化发展水平基本适应时，则体现为协调互动；当城镇化水平滞后于地方产业集聚发展水平，或地方产业集聚发展水平滞后于城镇化水平时，则互动发展呈现为不协调互动。

城镇化是在特有经济空间的产业区位的形成、地方产业集聚发展及其相伴随之产生的消费区位的形成和聚集过程，城镇的空间拓展和演化既受到地方产业集群发展需求的推动，同时也受到政府调控规划和制度安排的影响[7]。地方产业集群产生空间需求，政府调控规划和制度安排影响空间供给，二者需要互动以保持动态平衡，这种平衡与不平衡的情景将对地方产业集群与城镇发展产生促进或阻碍作用。换言之，当地方产业集群的内生空间需求与制度的空间供给相匹配，则会对互动过程产生正向反馈作用，从而促进地方产业集群发展和城镇化建设进程；但当经济发展带来的内生的空间需求与制度化的空间供给不相匹配，则会产生负向反馈作用，从而阻碍地方产业集群与城镇的互动发展和合理演化。

## 第二节　浙江杭州中心镇的多案例比较研究

### 一、案例选取

在建构地方产业集群与城镇化互动发展机制的理论框架的基础上，本书选取了东部地区浙江省杭州市的瓜沥镇、梅城镇和汾口镇作为研究案例（表 11-1），进行多案例的比较研究。上述三个镇均为建制镇级行政区，属于《浙江省人民政府关于加快推进中心镇培育工程的若干意见》（2011 年）所公布的杭州市 27 个中心镇的其中 3 个中心镇，且都拥有特色鲜明的地方产业集群。按照中心镇发展的分类分层与特色发展原则，杭州市 27 个中心镇可分为都市组团型中心镇、小城市培育镇和区域性特色镇三大类，瓜沥镇、梅城镇和汾口镇分别是上述三类中心镇的典型代表。目前，瓜沥镇已成长为浙江最大的纺织印染基地，形成了实力雄厚的纺织印染产业集群；梅城镇作为浙江省级高新技术产业园的组成部分，形成了富有特色的精细化工产业集群；汾口镇以工业区块建设促专业化产业区的发展，形成了已初具规模的轻纺产业集群。

表 11-1　案例分析单位概况

| | 所属县市（区） | 城镇（中心镇）类型 | 产业集群 |
| --- | --- | --- | --- |
| 瓜沥镇 | 萧山区 | 大都市组团型 | 纺织印染产业集 |
| 梅城镇 | 建德市 | 小城市培育型 | 精细化工产业集群 |
| 汾口镇 | 淳安县 | 区域性特色型 | 轻纺产业集群 |

资料来源：根据 2010 年瓜沥镇、梅城镇和汾口镇的访谈资料整理绘制。

## 二、地方产业集群与城镇化互动发展特征的比较分析

1. 互动发展特征：瓜沥镇、梅城镇案例

地方产业集群是城镇化的基础，在瓜沥镇、梅城镇案例中，地方产业集群与城镇化之间存在着普遍的和持续不断的交互活动。通过不断的互动，双方能够及时调整和应对，从而实现了地方产业集群与城镇化的共同发展。总体而言，它们的互动状态是协调的，其空间的正向反馈作用也十分明显，互动过程表现出如下特征：

第一，核心企业是城镇与产业集群和空间拓展的主导力量。研究发现，瓜沥镇与梅城镇均形成了围绕核心企业的集群分布与城镇空间布局，核心企业在产业集群形成与发展过程中起关键作用，引导着地方产业集群演进和城镇空间拓展的方向。

第二，城镇政府理性的城镇规划有力地促进了地方产业集群与小城镇的发展。在瓜沥镇与梅城镇，随着产业集群粗放发展模式弊端地逐渐显现，城镇政府的角色逐步从被动应对转向主动引导。自2006年以来，瓜沥镇政府明确提出，要积极完善纺织印染产业上、下游配套，扩大专业市场的区域影响力和辐射力，打造环杭州湾都市圈的区域节点和工贸新城。

第三，地方产业集群的发展均得到了小城镇建设的及时回应。自2006年以来，瓜沥镇坚持工业化与城镇化联动互进，加快建设城镇核心区和新区320亩城镇综合体。走出了一条以产业集群带动小城镇开发，以小城镇建设来推动地方产业发展的路子，经济和社会发展始终走在萧山区乃至杭州市乡镇的前列。

2. 互动发展特征：汾口镇案例

相比瓜沥镇、梅城镇而言，汾口镇产业集群以轻纺生产为内容，与汾口镇城镇化之间的互动主要以民间自发的形式进行。表现为城镇规划不健全、工业布局分散和城镇基础设施建设滞后等问题。总体而言，其互动状态是不协调的，空间的正向反馈作用不明显。

第一，企业的短期行为影响了产业空间和城镇空间的合理布局。汾口镇工业区位分布均以过境的千汾公路为依托，产业沿道路建设的现象普遍存在。沿着公路建设虽有较明显的短期经济效益，但不利于城镇完整形态的形成和合理布局，对城镇的长远发展不利。

第二，城镇规模偏小，集聚功能还不是很强。汾口镇现行行政区域规划造成发展空间和辐射区域狭小，使产业发展和城镇建设受到较大影响，不利于集中有限的财力加快区域城镇化建设步伐。

第三，城镇建设缺乏有效规划，服务功能尚不完善。表现为其城镇基础设施建设相对滞后、布局松散、产业园区不成规模等问题。汾口镇的滞后城镇规划阻碍了城镇发展的进程；滞后的产业发展环境和产业集群水平，成为其人口集聚以及企业投资者来汾口进行投资的障碍。

## 三、地方产业集群与城镇化不协调发展问题的比较分析

对比三个案例地区，可以发现三个中心镇的互动机制呈现出不同的发展水平和状态。它们的互动机制存在如下问题：地方产业集群与城镇的总体发展水平不协调，各镇产业发展水平和城镇空间布局不均衡，各镇产业空间塑造和产业集群发展不均衡，各镇的人

居空间建设水平不均衡。

1. 地方产业集群与城镇的总体发展水平不协调

首先，三镇的产业集群已经具有较高的产值和市场份额。如梅城镇2010年精细化工业的销售总产值达到78亿，2006年至2010年间年均增长10.86%。梅城镇内的浙江省级高新技术产业园发展初具规模，在产品、技术、人才、信息等方面具有一定的优势。即使较为落后的汾口镇，在2005～2009年间，其轻纺工业的销售总产值平均增长速度也为37.87%，轻纺业是汾口发展的支柱产业。但同时，三镇的蔓延式扩张趋势表现依然明显：小城镇土地资源被快速地消耗，城镇环境的品质不高，第三产业相对第二产业而言，小城镇的发展依然缓慢。（见表11-2）

**表11-2　2010年瓜沥镇、梅城镇和汾口镇部分发展指标对比**

| | 总面积/（km²） | 建成区面积/（km²） | 总人口/（万人） | 建成区常住人口（万人） | 非农人口比例/（%） | 农业总产值/（亿元） | 工业总产值/（亿元） | 三产增加值/（亿元） |
|---|---|---|---|---|---|---|---|---|
| 瓜沥镇 | 42.5 | 6.1 | 9.5 | 5.0 | 44.9 | 3.9 | 313.0 | 10.7 |
| 梅城镇 | 152.4 | 7.0 | 5.5 | 3.8 | 53.0 | 2.7 | 79.0 | 4.2 |
| 汾口镇 | 237.0 | 3.0 | 5.4 | 1.1 | 11.0 | 2.8 | 20.4 | 2.1 |

资料来源：根据2010年瓜沥镇、梅城镇和汾口镇统计报表整理绘制。

2. 三镇产业发展水平和城镇空间布局不均衡

分析三个案例地区发现，瓜沥镇的城镇建设起步最早，经济实力也最雄厚。2010年全镇行政区域总面积42.5km²，其中建成区面积6.1km²；全镇总人口9.5万，其中建成区超过5.0万，初步达到小城市的规模，城镇化水平也很高。目前，瓜沥镇面临的主要任务是：如何以新型城镇化战略为指引，在有限的空间范围内，通过发展特色产业集群和培育现代服务业，提升城镇品质及优化城镇功能。

梅城镇的大规模城镇建设与本地精细化工产业集群的发展几乎同时起步，城镇建设用地快速增长。2010年梅城镇行政区域总面积152.4km²，其中建成区面积7.0km²；梅城镇总人口5.5万人，其中建成区超过3.8万人，城镇规模大，城镇化水平高。自2005年以来，梅城镇积极运用高新技术和先进适用技术改造提升传统优势产业集群，推进梅城新城建设。目前，梅城镇面临的主要任务是：如何依托大型企业，以精细化工产业集群的转型升级为龙头，推进整个高新技术产业的发展。

相比之下，汾口镇因地处属于生态敏感区的千岛湖风景区上游，建设用地规模受到严格的限制。汾口镇的城镇建设较滞后于产业集群的发展，其城镇经济实力与城镇化水平与瓜沥镇、梅城镇相比均存在明显差距。目前，汾口镇面临的主要任务是实现特色专业市场的升级、区域优势产业的集聚以及城镇建设质量的提升。

3. 三镇产业空间塑造和产业集群发展不均衡

分析三个案例地区发现，各镇产业空间塑造和产业集群发展不均衡。其中，瓜沥镇依托航空港、高速公路、杭甬运河等区域性交通设施的优势，积极推进城镇新区、临港工业功能区和环航坞山经济区三大平台的建设，适应了纺织印染产业集群转型升级和产

业空间拓展的需要。作为中国制造业 500 强之一的航民集团，是瓜沥镇印染纺织产业集群的龙头企业。旗下的航民股份于 2004 年在国内资本市场上市，成为推动地方产业集群发展的重要因素。

梅城镇是杭州建德市老工业基地，产业基础良好。用地格局以新安江为界，工业用地主要布局在新安江南岸，居住用地布局在新安江北岸。2001 年，在原有顾家工业园区的基础上，将工业园区向城南拓展，实施跨江发展战略，规划面积 4km$^2$；2009 年，地处梅城镇的浙江省级新材料高技术产业基地五马洲—南峰区块的规划正式实施，规划面积 7.58km$^2$；2010 年，梅城镇政府已明确提出要努力把五马洲—南峰高新技术产业园建成国内一流的精细化工和高新技术产业基地。总体而言，梅城的城镇空间环境能够不断适应产业空间拓展与集群发展的需要，并成为梅城镇产业集群发展的重要推力。

截至 2009 年底，尽管汾口镇的轻纺产业集群有规模以上企业（以年产品销售收入 500 万元以上为标准）有 6 家，纺织产业集群产值也占到镇域工业销售总产值的 50%。但汾口镇工业用地布局分散，产业层次不高，缺乏整体的工业区规划。总体而言，汾口镇的城镇空间环境仍然存在一些不足之处，集群发展仍比较粗放，汾口镇的产业集群处于成长阶段。

4．三镇的人居空间建设水平不均衡

分析三个案例地区发现，瓜沥镇人居空间的建设最为成熟，各类服务设施网点布局合理。自 2007 年以来，瓜沥镇积极推进以提升城镇综合服务功能为核心的城镇转型和以改善民生为核心的社会转型，构建优质均衡的公共服务体系，已经初步形成与城镇规模相适应的社会事业网络和浓郁的城镇氛围，提升了城镇居民生活的幸福指数。

相对瓜沥镇而言，梅城镇现有的基础设施建设相对滞后，且呈分散状态，共享程度较低；地处梅城镇的严州古镇改造难度大，镇区工业用地与居住用地混杂；梅城镇内的富春江大坝影响了城镇的排污能力和城镇人居环境。但于 2007 年规划、2009 年开工建设的梅城新城，景观环境设计起点较高，规划布局合理。

汾口镇内公共服务设施种类单一，居住地布局杂乱，商业设施仍以低档商铺的形式存在。汾口镇内保存着大片原生态的农田，城乡景观穿插交融，无统一规划的公园和绿地，城镇面貌带有浓厚的乡村小镇特点。

## 第三节　研究发现及政策建议

地方产业集群与城镇是同一地域共存的实体，地方产业集群与城镇化互动关系是工业化与城镇化关系的空间表现，它们在反馈机制作用下，呈现协调或不协调的状态；企业支配的市场行为与政府主导的公共选择行为协同作用的结果，决定了地方产业集群与城镇化互动的发展水平。基于上述研究，可初步提出如下地方产业集群与城镇化互动发展对策。

## 一、集群集约化发展是区域产业发展和小城镇空间建设的共同路径

当前，东部地区已经进入到工业化的中后期、城市化的纵深期。在小城镇发展过程中，一方面，应努力培育地方特色化产业集群，壮大支撑小城镇可持续发展的物质基础。小城镇建设不单纯追求表面形式，而是走"以产业为先导，以建镇为基地""产业兴镇，特色立镇"的小城镇发展道路，通过培育产业集群来促进小城镇建设。以区域块状经济和工业功能区为基础，引导镇区范围内和周边乡镇的企业向工业功能区集聚，推进块状经济向现代产业集群转变[8]。另一方面，应围绕产业集群的发展需求组织城镇空间，走小城镇的集约化发展道路。注重小城镇自身特色的塑造与维护，充分保持其固有的"乡土"气息、"亲生态"属性和生态价值蕴含，努力培育各具特色和产业发展潜力的精致城镇。因为"特色"作为一种"比较优势"，是小城镇产业发展和小城镇空间建设的"核心竞争力"。

## 二、政府可通过调控产业、空间、人口和制度等要素推进产业集群与城镇化间的互动

地方产业集群与城镇化互动发展机制是区域内的产业要素、空间要素、人口要素以及制度要素等互动作用的一种组织关系[9]。上述四要素的不同配置组合支撑着产业体系和城镇体系朝不同的规模结构、空间结构、职能结构发展，是地方产业集群与城镇化互动发展的关键调控对象。第一，培育非农产业要素，推进非农产业在小城镇的聚集发展，扩大小城镇建设资金的来源。第二，推进工业向园区集中、居住向社区集中、农业向规模经营集中，并以土地承包经营权置换城镇社会保障、以农村宅基地和农民住房置换城镇产权住房、以集体资产所有权置换股份合作社股权，实现城镇空间结构要素优化。第三，推进小城镇人口聚居，使小城镇产业经济效益随着其人口规模的增长而增加。第四，推进综合配套改革与健全公共服务体系，确保地方产业集群与小城镇互动发展所需的制度要素。

## 三、规划联动是促进地方产业集群与城镇化互动发展的重要手段

规划是政府建设与管理城镇的基本依据[10]，实行规划联动是推进和确保地方产业集群与城镇化互动发展的重要手段。借鉴西方城市发展经验，以小城镇发展的效益改善与效率提高为目标，推进各个层次区域规划之间的联动、同一区域各个部门规划之间的联动，使地方产业集群与小城镇整体发展相适应。东部地区小城镇是大都市区背景下具有产业优势的"特色镇"，其经济联系突破行政隶属关系是必然趋势。因此，小城镇产业规划必须与小城镇空间规划相联系，在动态中保持产业规划必须与小城镇规划的衔接、协调与统一；同时，在地方产业及其产业集群进入到一定阶段时，政府要通过主动规划促进地方产业集群从相对独立到融入城镇体系，增强城镇规划的合理性与影响力。

# 第四节 研 究 小 结

地方产业集群与城镇化互动关系是区域工业化与城镇化关系的具体表现，它们在反馈机制作用下，呈现协调或不协调的状态。企业支配的市场行为与政府主导的公共选择行为协同作用的结果，决定了地方产业集群与城镇化互动的发展水平。浙江杭州市瓜沥镇、梅城镇和汾口镇的案例研究表明，研究制约产业集群与城镇发展的各类要素可以寻求到二者协调发展策略，集群集约化发展是城镇产业发展和城镇空间建设的共同路径，规划联动是确保地方产业集群与城镇化互动发展的重要手段。

地方产业集群与城镇化互动机制是建立在区域经济社会发展基础之上的，受到一般性发展规律与区域性特有发展条件制约。推而广之，东部发达地区与中西部地区具有不同的区域经济特点，各地方的产业集群也处于不同的成长阶段，中心镇与一般镇又具有不同的发展目标与功能定位，这就意味着各地的工业化与城镇化势必走特色发展、错位发展之路。对我国大多数农村或农业区域而言，解决"三农"问题的关键可能不是如何推进工业化或产业集群发展，而是如何健全城镇公共服务体系。对此，有待于进一步研究与总结。

**注释**

[1] 张华，梁进社. 产业空间集聚及其效应的研究进展[J] 地理科学进展，2007，26（2）：14-24

[2] Fujita，M.，Krugman，P.， Venables，A. J.. The Spatial Economy：Cites，Regions，and International Trade[M]. MIT Press，Cambridge MA，1999

[3] 景普秋. 中国工业化与城镇化互动发展研究[M]. 北京：经济科学出版社，2003：47

[4] Porter，M. E..Clusters and the new economics of competition[J]. .Harvard Business Review，Nov-Dec，1998：77-79

[5] Hymer，S.. International Operations of national Firms：A study of direct Foreign Investment[D]. MIT Press，Cambridge，MA，1960

[6] 工业化与城市化协调发展研究课题组. 工业化与城市化关系的经济学分析[J]. 中国社会科学，2002，（2）：47

[7] 杜宁，赵民. 发达地区乡镇产业集群与小城镇互动发展研究[J]. 国际城市规划，2011（2）：28

[8] 吴康，方创琳. 新中国60年来小城镇的发展历程与新态势[J]. 经济地理，2009，29（10）：1610

[9] 陈甬军，徐强. 产业集聚的稳定性与演变机制研究[J]. 东南学术，2003，（5）：65-72

[10] 沈正平，邵明哲，曹勇. 我国新旧城区联动发展中的问题及其对策探讨[J]. 人文地理，2009，107（3）：20

# 第十二章 农村公共物品供给机制

新型城镇化的核心是"人的城镇化",而新农村建设的人本观就是要以农民为本。新型城镇化与新农村建设的协调发展是城市现代化和乡村现代化的交汇融合,是全面实现社会主义和谐社会的关键。公共产品是农村经济社会发展的前提和基础。新型城镇化与新农村建设,绝不仅仅意味着加快农村经济的发展,更重要的是增加农村公共产品的有效供给。同城市发展相比,农村落后的关键是农村社会公共事业的落后,是农村公共物品供给不足。农村公共物品有效供给不足已成为推进新型城镇化和建设社会主义新农村的严重障碍。

## 第一节 农村公共物品供给机制的现状与问题

改革开放以来,农村经济发展取得了令人瞩目的成就,但在经济快速增长的同时,城乡间经济发展与社会发展"一条腿长、一条腿短"的问题尚未得到有效解决。同城市发展相比,农村落后的关键是农村公共物品供给不足,具体表现如下:

### 一、农村公共物品供给总量不足

作为农村公共物品供给主体的县乡政府,财政缺口加大,难以保证农村公共物品的供给,农村交通不便,电网亟待更新,电价昂贵;农村义务教育投入严重不足,教学设施简陋,师资力量薄弱,农村教师工资偏低;农村医疗保险普遍缺乏,缺医少药的问题十分严重;农村社会保障体系亟待建立;农村科技开发资金投入不足,缺少农业科技人员,农业科技推广力度不强、范围不广;农民直接获取科技知识、农业信息的渠道不畅等。

### 二、农村公共物品供给主体错位

根据公共财政理论,农村纯公共物品应由政府免费提供,对于农村非纯公共物品与非纯私人物品的提供,市场机制可以发挥一定的作用。但由于农村准公共物品的基础性和效益的外溢性特征,政府仍然应发挥主导作用。然而,本来应该由政府提供的公共物品或由政府与农民共同提供的公共物品,却完全由农民承担。基于这种政策,农村便出现了各种各样的由农民掏钱搞公共基础设施建设的现象。农民的年均纯收入仅相当于城镇居民的$\frac{1}{3}$,让低收入群体自筹资金进行基础设施建设,必然降低他们对工业品的消费能力。

### 三、农村公共物品供给决策不科学

由于民主法制意识薄弱且缺乏有效的供给谈判制度，农民无法在公共物品供给决策中体现自己的意志。地方政府在农村公共物品供给中往往热衷于投资一些见效快、易出"政绩"的短期公共项目，而不愿提供见效慢、周期长的纯公共物品；热衷于上新项目、建新工程，而不愿对现有的公共设施加以维护；热衷于提供看得见、摸得着的"硬"公共物品，而不愿提供农业科技推广、农业发展的综合规划和信息系统等"软"公共物品。从而出现了农民急需的、涉及农村可持续发展的公共物品难以产出，而出现一些农民不需要或者需求较少的公共物品供给过剩的失衡现象。

## 第二节　基于新公共管理的农村公共物品供给主体结构

基于新公共管理理论的观点，要求引进第三部门等新的组织要素，建立由政府、企业、社会组成的多元化的农村公共物品供给主体结构，要求综合运用国家机制与政府组织、市场机制与营利组织、社会机构与公共组织三套工具。在多元主体的管理模式中，政府的基本职能是对农村公共物品实施供给，并在治理结构中起主导作用；营利性企业和非政府组织、社会中介（后两者称为第三政府）中，营利组织越来越多地配合政府提供公共物品和服务，第三者政府一方面提供专业服务，另一方面是联系公共、企业与政府的纽带，并在一定程度上成为公众参与决策的组织者和代表。公众是主体中的基础细胞，公众参与使农村公共物品供给从被动外推转化为内在参与。

### 一、由公共组织来直接提供基础性的公共物品

这些公共物品包括：提供经济基础，直接和间接提供公共商品，经济上保护弱者抑制强者，维护竞争，保护自然资源，减少贫苦和保持经济稳定。要针对不同的农村物品（分为四类）采取不同的宏观调控思路。大多数私人物品的供给：政府的责任在于提供一个良好的交易环境（包括交易制度、交易管理）。自然垄断物品的供给：要从传统的政府直接供给转变为政府建立一个有严厉的政府监督体制的市场供给体制。公共资源和纯粹公共物品的供给：完全可以通过市场对具体的建造者和经营者进行委托。农村政府应做好决策、监督、协调、指导等工作，把公共物品的许多具体生产职能让渡给企业。

根据公共物品服务范围的大小，通常将公共物品分为全国性公共物品、地方性公共物品和社区性公共物品。一般来说，全国性公共物品应由中央政府提供，地方性公共物品应由地方各级政府提供，而社区性公共物品应由所在社区提供。

1. 由中央政府和省级政府提供农村纯公共物品

纯公共物品由于消费上的非他性和非竞争性，不适合由基层地方政府生产和提供（因为存在其他地区搭便车的可能）。对于全国性公共产品，中央政府应本着公平的原则无偿足额提供，或按经济状况通过转移支付的形式对农村卫生防疫、基础教育、环境保护、计划生育等的供给予以支持，不应再向农民征收。中央政府应主要从事跨经济协作区的

大江大河大湖的治理、农业科技成果推广、农业环境保护、农业信息网的建设、农业基础科学研究以及与国防建设有关的民兵建设，与国民素质相关的义务教育等。省级政府应主要承担农村地区的公共道路、供电、供气、公共卫生保障体系、失业、养老保险和救济等公共物品的供给。

2. 由县级政府和乡镇政府提供农村准公共物品

我们可以进一步把准公共物品又分为排他成本高和排他成本低两类。对于排他成本高的准公共物品，私人资本不愿生产，必须由政府来提供，如供水、公立医院、文化设施等。这些准公共物品应县级政府和乡镇政府提供，也许短期内许多地方政府没有足够的财力来生产和提供这些准公共物品，但必须明确他们有此义务和责任，以后努力补救。现在的乡镇卫生院、村卫生室大多承包给了个人，自主经营，自负盈亏，推行市场化的运作模式，这直接导致了农村卫生保健条件恶化，药价上涨，农民看不起病成为一个沉重的问题。

## 二、由民营部门来间接提供一些公共物品

有些准公共物品是可以进行排他性消费的，且排他成本并不高，可以通过向消费者收取较低的费用来弥补排他成本，这类准公共物品有公共汽车、公用厕所、非义务教育阶段的学校等。考虑到基层政府大多无力提供更多的准公共物品，可以制定优惠政策吸收和鼓励民间私人资本在农村地区投入生产和提供这类准公共物品。对于这些准公共物品，可以通过明晰产权，按谁投资、谁受益的原则，鼓励农民自己提供生产生活所需要的各种公共物品，通过收取一定的费用来取得投资回报。例如，农民联合起来购买大型的农机设施，如联合收割机、果树喷药机、播种机等，代为其他农民收割、喷药等，收取一定的费用。也就是说，凡是可以实现市场化经营的（竞争性的）农村公共物品推向市场，形成多元化的投资体制和企业化的运营方式。政府应担当规则的制定者和监督者，处理直接和间接的关系。对于要依靠财政扶植的农村公共物品项目，行政管理是政府的职能，具体的管理和作业应推向市场，处理好管理和运作的关系。

## 三、由社区和受益者来参与提供小规模公共物品

除了政府组织与市场组织之外，可以由农村社区和受益者参与提供小规模享用的公共物品。或者在服务的计划、经营、管理和融资方面，重视使用者和有关方面的意见，使他们真正负起责任。例如，在农村社区中，铺筑公路、建设绿地等就是提供小规模享用的公共物品。

## 第三节 新公共管理农村公共物品的供给机制

同城市发展相比，农村落后的关键是农村社会公共事业的落后。基于新公共管理理论的观点，要求引进第三部门等新的组织要素，建立由政府、企业、社会组成的多元化的农村公共物品供给主体结构，要求综合运用国家机制与政府组织、市场机制与营利组

织、社会机构与公共组织三套工具。基于新公共管理理论的农村公共品供给机制，就是努力增加农村公共物品供给，由政府承担农村"文化教育、公共卫生和医疗、社会保障"等领域公共物品供给的责任，使农村公共物品的供给由依靠农民自身向以政府为主的政策目标过渡，建立起适应科学发展观的农村公共物品的需求表达机制、供给决策机制和供给融资机制。

## 一、建立自下而上的农村公共物品需求表达机制

由于我国经济发展的不平衡以及地区之间享受公共物品服务的严重非均等，这就需要国家根据区域经济发展水平的差异和各地区农村、农民对各种公共物品需求程度的差别从宏观上建立一套"自下而上"的需求表达机制。自上而下的决策机制，很容易造成需求与供给的不均衡。在农村公共物品供给过程中，完全可以引入农民的意志表示。这一需求表达机制的建立应采取科学的抽样方法、民主的工作作风、完善的管理体系以及融合各种现代统计调查手段，尽可能形成一套专家系统来动态反映农村、农民对公共物品的真实需求，以做到有的放矢，物尽其用。

## 二、建立科学的农村公共物品供给决策机制

在许多公共服务领域，接受服务者做出决策的能力是相当有限的，常常不是实际的决策者，这就导致真正决策者做出的决定与真正需求者的需求之间存在矛盾，即"合约失灵"。随着人们收入水平的提高，私人物品的边际收益率在下降，而公共物品的边际收益率在上升，这也增加了对于公共物品的需求强度。但实际上，农民急需的生产性公共物品供给不足，如农业新技术、灌溉设施、大型农用机械等；在经济落后的地区这种不足就更加严重，而那些与"政绩""利益"挂钩的非生产性公共物品供给膨胀，如各种达标工程、形象工程等。这样，有限的公共资金不能合理使用，不足与过渡同时存在。

## 三、建立多元的农村公共物品供给融资机制

由于公共物品具有非排他性和非竞争性，一般以国家供给为主，市场供给为辅，对于那些具有准公共性质的准公共物品，私人凭能力又可以进入的，可由市场供给，以解决国家供给的低效率，以补国家财力之不足，更好地满足人民的生活需要，即使这样也需要国家的制度安排和政策约束。尽管原则上公共物品的供给应由政府通过财政予以解决，对于部分准公共产品可以采用政府与市场混合的方式来提供。在明确产权的前提下，积极引进民间资金和外资，按照"谁引进、谁收费""谁投资、谁收益"的原则，大力增加农村公共物品供给。政府还应提供优惠政策，鼓励经济实体、个人和其他社会力量投资农村公共产品，推动多渠道、竞争性供给格局的形成。

# 第十三章　城乡公共资源的均衡配置机制

公共资源配置是否平衡关系到人类社会的生存发展，同样可以作为世界各国治国理政需要重点关注的问题。十八届十四中全会强调，全党同志要做到将思想和行动两方面统一到全面深化改革和推进全面依法治国战略决定部署上来，不断做好保障与提升民生事业，不断将巩固社会和谐稳定工作做好。然而，自改革开放以来，较高的经济增长率并没有使广大城乡居民共享到均等的改革发展成果，表现为城乡公共资源配置失衡。城乡公共资源是有助于提高城乡居民的生活水平、福利水平、个人发展等具有消费的非排他性和竞争性的公共产品或服务。公共资源由全体社会成员共同享有，每个公民都应公平地享有公共资源的权利。城乡公共资源的均衡配置是指在有限的资源范围内通过合理配置，帮助城乡居民实现不论在拥有公共资源的数量上抑或是质量上都均等。城乡公共资源的配置能否实现均衡，关系到一个国家或地区的稳定协调发展，是新型城镇化与新农村建设协调发展、达成城乡一体化目标的有力保障[1]。

城乡公共资源的均衡配置是实现城乡一体化的重要保证，然而，目前我国城乡公共资源配置在数量、质量和规模等多个方面都存在极大差距，存在城乡公共资源配置严重失衡，这影响到农村居民的生活质量，不利于农村可持续发展经济，同样也阻碍了城市和乡村协调发展经济目标的实现。从社会公平的要求出发，提高农村公共资源供给水平，建立城乡公共资源均衡配置机制，是协调推进新型城镇化与新农村建设、进而实现城乡一体化发展的可行性方案选择。

## 第一节　我国城乡公共资源配置失衡的主要表现

### 一、城乡社会保障资源的配置失衡

社会保障制度被认为是当前我国社会制度的重要组成部分。我们可以从近期中国社科院公布的 2014 年《社会蓝皮书》中了解到有关社会保障制度的相关内容。2012 年，城镇职工人均养老金水准为 2.09 万元，与之相比新农保仅 859.15 元，可见社会保障资源在城乡之间配置很不均衡，仅在养老金部分就有高达 24 倍的差距[2]。城镇社会保障在普及率和支出水准方面均远远高于农村。长期以来，我国社保制度的建设和发展都是以城市为中心，社会保障的重点也一直是城市居民，城市已建成包含社会保险、社会福利、社会救助、社会优抚等项目在内齐全的社会保障体制，相比之下农村社保项目还很不完整，仅有新农保、农村合作保险、社会救助和社会优抚等项目在内。如表 13-1 所示。

表 13-1　我国 2008—2012 年城乡社会保险费用支出情况

单位：亿元

| 险种<br>年份 | 城镇养老<br>保险 | 城镇医疗<br>保险 | 城镇失业<br>保险 | 城镇工伤<br>保险 | 城镇生育<br>保险 | 新型农村<br>合作医疗 | 农村养老<br>保险 |
|---|---|---|---|---|---|---|---|
| 2008 | 7389.6 | 2083.6 | 253.5 | 126.9 | 71.5 | 662.3 | 60.3 |
| 2009 | 8894.4 | 2797.4 | 366.8 | 155.7 | 88.3 | 922.9 | 110.1 |
| 2010 | 10554.9 | 3538.1 | 423.3 | 192.4 | 109.9 | 1187.8 | 200.4 |
| 2011 | 12764.9 | 4431.4 | 432.8 | 286.4 | 139.2 | 1710.2 | 587.7 |
| 2012 | 15561.8 | 5543.6 | 450.6 | 406.3 | 219.3 | 2408.0 | 1149.7 |

资料来源：《2013 年中国统计年鉴》

## 二、城乡社会福利资源配置失衡

社会福利已经成为现代公民的基本权利。新中国成立以来，国家推行以城市发展为中心，农村支援城市的发展模式，使得中国福利制度呈现出城乡二元结构模式。近年来，特别是在十八大以来，政府加快城乡一体化建设，农村居民社会福利水平有了很大的提升，但社会福利的城乡二元结构并没得到根本的改变，城市社会福利的发展水平远远高于农村社会福利的发展水平，城乡之间福利差距实际上存在逐年扩大的趋势。城市有免费的就业培训、高水平的福利金、整洁的环境、较好的全面教育项目等；农村社会福利项目就非常的少，大部分消费在基本的农业补助、社会救济、新型农村社会养老保险、农村合作医疗、五保制度等领域。

## 三、城乡公共卫生资源配置失衡

公共卫生对于提高国家和地区的公民健康水平有着极其重要的作用。在我国，农村公共卫生的分工和职责范围不是很明确，造成了部分地方政府开展一些可以获得短期收益的项目而忽略长期战略性的项目。此外，国家投入到农村公共卫生事业的财力很有限，对农村公共卫生监督管制力度也不够有力和完善，致使农村公共卫生事业发展跟不上时代要求。根据我国相关统计数据显示，我国城市拥有超过 70%的公共卫生资源，其中大约八成由大医院享有。城市居民享有较好的医疗服务，相反农村居民缺医少药的现状没有得到彻底改变，从平均层面上讲，每千位农民中可能连 1 张病床都没有，相比之下每千位城镇居民有近 4 张；每千位农民可能只分配 1 位卫生技术人员，而城镇居民则有 6 位左右。此外，从人均医疗费方面看，城镇居民同样大大超过农村居民。根据统计数据显示，城市人口不到农村人口一半，却占用了近七成的公共卫生资源。

## 四、城乡基础教育资源配置失衡

随着我国教育事业的不断发展，基础教育的相关政策越来越科学，教育经费投入不断加大，城乡基础教育均得到了史无前例的大发展。但相比城市而言，农村的基础教育仍存在很大差距。首先，在得到接受教育机会方面，城乡之间并不是均等的，对于大多数农村居民而言，在知识程度和文化修养方面没有城镇居民高，在孩子该接受怎样的教育方面也没有比城镇居民规划的好。其次，城乡基础教育经费投入差距较大，据统计，政府财政每年用于农村发展的各类支出仅占总支出的一成左右，占 GDP 总量的 1%，仅在初中生的人均教育经费方面，城市是农村的 7 倍多。再次，城乡师资配置存在巨大差距，城乡师资配置"量"上的差距表现为，城市师资相对过剩，而农村师资不足；城乡师资配置"质"的差距表现为，城市教师一般由硕士研究生、本科生及少量专科生组成，而农村教师主要由本科生、专科生及一些没有受过正规高等教育的民办教师组成。

### 五、城乡基础设施建设配置失衡

当前，我国城乡基础设施建设水平实际存在巨大差距。城市的各项基础设施都比较完善，城市拥有四通八达的交通网络，交通系统非常便利，每一个普通市民都可以享受到完备的医疗教育设施、便利的交通等。在基础设施建设方面，农村与城市的相比显得极其不足，在各项基础设施的质量水平方面，城市也是显著超过农村，二者存在巨大差距。

## 第二节　导致城乡资源非均衡配置的制度因素

从历史缘故来说，城乡分割的二元布局和制度可以解释我国城乡公共资源配置为何失衡。改革开放以来，我国虽然在经济体制转变中进行了相关的制度变革，但并未从根本上解决这种失衡状况，反而在某种程度上加重了城乡公共资源配置失衡的状况。

### 一、转移支付制度的逆向作用

在 1994 年，国家拟定了现行的转移支付制度，很大程度上帮助平衡了财力在城乡之间的分配，但也存在很多不足，制度中存在的多种支付形式彼此之间统一的协调机制匮乏，在实际的协调平衡过程中有些支付形式会有些重叠。难以想象，有些制度本来可以推动公共资源配置均衡，例如城市对农民返还税收、相关补贴等制度，实际却起到相反的效果。也就是说，获得多数返还额的是税收额多的地方而不是税收额少的地方，相反在税收额少的地方人们实际获得到的返还数目非常小，实际上拉大了城乡间的财政不均衡。

### 二、基层政府财权事权的不对称

事权与财权的统一，是均衡配置公共资源的重要前提。我国县域地方政府主要负责农村基础教育、医疗卫生、社会保障、基础建设等，承担着较多的财政支出责任。但是，在现行分税制的条件下，我国县域基层政府财力十分有限，并不能为农村提供足够公共资源的财力。

### 三、城乡有别的建设型财政模式

改革开放以来，随着以经济建设为中心的发展战略的实施，我国逐步形成了经济建

设型的财政模式[3]。虽然我国公共的财政制度正在逐步形成，但城乡区别的建设型财政模式留下的烙印依旧存在。很长时期内，国家大部分是依赖政府投资来实现经济水平的提高，我国财政资金集中投资于经济建设方面；而在公共资源领域却实行了市场机制的政策，使得公共产品和服务投入的资金总量不足。总体而言，公共资源领域的投入仍以城市为中心，从而导致农村的自我发展局限，严重制约城乡公共资源均衡配置目标的实现。

### 四、官员替代型的决策机制

我国在提供公共资源方面执行从上而下的决策机制由来已久，这种机制在民主和监督方面严重匮乏，决策机制采用由官员来替代广大民众，使得原本就十分有限的公共资源大部分浪费了，使得城乡公共资源配置更加不均衡。各级政府出于个人利益和政绩考虑，对于投资短期公共项目投资了很大一部分资源，相反对于一些利民但周期长的战略性公共资源投资就少得可怜，从而出现了部分公共资源的供给过度和不足并存的局面。此外，大量与广大农民的实际需求脱离的伪农村公共产品的投入与建设，导致有限财政资源的严重浪费，在很大程度上加剧了城乡公共资源配置的失衡。

## 第三节　促进城乡公共资源均衡配置的制度路径

在我国推进农村发展以实现城乡一体化的进程中，很大程度上受到城乡公共资源配置失衡的阻碍。基于社会公平视角，必须提高农村公共资源供给水平，建立城乡公共资源均衡配置机制，缓解城乡矛盾。公共资源均衡配置问题本质上是一个制度安排问题，转变地方政府的行政理念、建立可持续的农村公共资源财政支出机制、建立农民参与公共资源配置决策机制、健全社会公共资源均衡配置的监督约束机制，是促进城乡公共资源均衡配置的路径选择。如下，将提出促进我国城乡公共资源均衡配置的制度创新路径与对策。

### 一、转变地方政府的行政理念

城乡公共资源均衡配置的关键在于构建有限政府、提高农村公共资源的供给水平。最先开始的应该是政府观念的改变，将全能型观念转变为有限型，强化改革政府职能，构建有限型政府[4]。针对政府的职能、权利、行动等方面进行适当水平的限制，宪法和法律应该清晰量化限定政府职能，此外还要设立相应纠正偏差的机制，使得政府在行政过程中如果发生偏差能及时有效纠正。其次，要充分运用政府在社会福利和公共资源范畴的主导作用，各级政府应切实执行依法行政，加强与城乡公共资源配置均衡实现有关领域的立法工作，并在相应的法律规范中体现城乡均等化的价值观。此外，要保证各级政府在农村公共资源供给中权责清晰、分工明确，凡是属于全国性的农村公共资源应由中央政府提供；地方政府提供地区性的农村公共资源，以地方政府为主体、中央政府为辅来提供跨地区性的农村公共资源。

## 二、建立可持续的农村公共资源财政支出机制

第一，转换以产业和城市为核心的发展形势，增加对农村的支持和保障，利用产业反哺农业、城市支持农村的方式来减少公共资源在城乡之间存在的差距[5]。加大公共财政对农业、农村及农民的支持力度和财政补贴，提升农村居民的福利水平，转变财政支出结构，财政支出要特别重视保障农村和农民迫切需要的基础教育、社会保障等社会性公共资源以及农村水利基础设施、农业科技服务等具有农村特殊性、农业现代化的公共项目。第二，转变国民收入分配模式和公共财政支出布局，延伸公共财政覆盖农业及农村的范畴，将更多的财政资金倾斜于农业和农村，持续提高和改善农村公共资源的水平和质量。第三，要通过法律形式保障各级政府对农村公共资源的投入，明确规定质量水平、资金保障等实现农村公共资源投入机制规范化及刚性化。

## 三、建立农民参与公共资源配置决策机制

政府在公共资源配置制度制定中起主导作用，但如果没有社会成员广泛参与，就很难制定出符合全体社会成员利益需要的公共资源配置制度，同时还会影响实施效果。在公共资源配置的决策、实施过程中，充分征询与尊重农村居民的意见，是缩小城乡公共资源差距的路径之一，从而保证公共资源配置制度的合法性。第一，应明确规定农村居民在公共资源配置过程中的权利和义务关系，使农村居民能够有效地参与到公共资源配置过程中来。第二，通过政府和社会引导，让农村居民主动去提高自己的基础知识和专业技能水平，提升农村居民的文化水平和综合素质。第三，加强和提升农村居民的监督观念，培养其主动和自觉监督的意识。同时，政府要尊重和重视农村居民的意见和建议，建立良好的沟通渠道和信息反馈机制，使公共资源配置制度运营在阳光普照之下。

## 四、健全社会公共资源均衡配置的监督约束机制

公共资源的配置过程中，由于监督机制不完善，很多地方官员为体现政绩，大搞形象工程，造成了权利的异化。当局务必要巩固和强化公共资源供给的监督机制，包含内外部监督。第一，应建立以公共资源为中心的政绩评价机制，发挥政府和市场之间的互补性，减少城乡差距和利益冲突，促进城乡经济社会的协调发展和公平正义。建立科学的官员考核选拔机制，将考核和选拔政府官员的权利交给人民。第二，构建为人民服务的政府绩效评价系统，正确合理设置政府绩效评价的实质和指标，把完成城乡经济一体化发展、公共资源供给情况、巩固社会和谐等情况作为评价的主要关注点，并建立回应性的绩效评估机制，避免绩效评估的形式化、模糊化[6]。第三，设立专门的内部监督机构，可以及时纠正配置过程中出现的问题。最后还要定期公开资源配置信息和决策，对于出现的问题和失误需要及时纠正。第四，健全完善公共资源效果跟踪反馈制度、行政问责制，完善决策的监督制度和机制，明确监督主体、监督内容、监督对象、监督程序和监督方式，规范操作程序，提升社会现状的公开水平，巩固和强化对公共资源计划行为过程的全面监督。

**注释**

[1] 卜晓军. 我国城乡公共服务均等化的制度分析[D]. 西安：西北大学博士学位论文，2010

[2] 徐新清. 农村综合改革背景下县级政府的保障体系构建[J]. 浙江师范大学学报（社会科学版），2013（1）：58

[3] 吴丽丽，徐充. 中国城乡公共资源均衡配置的制度探析[J]. 北方论丛，2014（2）：143-147

[4] 赵宝廷，付连捷. 城乡公共服务均等化过程中的政府行为研究[J]. 内蒙古社会科学（汉字版），2014（1），106-109

[5] 李杰义，郑文哲. 城乡养老服务机制的市场潜力与障碍破解[J]. 上海城市管理，2014（3）：14-17

[6] 华建玲. 当前城乡公共服务均等化改革障碍及化解途径[J]. 知识经济，2014（14）：65-66

# 第十四章 城乡养老服务业发展的动力机制

人口老龄化是经济发展、社会进步的必然趋势，同时也是世界各国普遍面临的重大社会问题。党的十八大报告中关于保障和改善民生、完善社会福利制度、基本公共服务体系的论述，对于我们转变思想观念、应对人口老龄化挑战、加快推进社会养老服务机制建设，具有重要的指导意义。所谓养老产业是指社会为老年人生产和提供物质生活资料、精神文化生活资料或服务产品的行业或企业的集合或集中。与其他专门生产或提供某类产品的行业性产业不同，是以产品消费对象的指向性作为界定产业的依据和标准，其行业门类至少包括老年保健、老年养护、临终关怀、老年文教、老年休闲、老年房产、用品制售等。中国是较早进入老龄化社会的发展中国家之一，自 1999 年步入老龄化社会以来，人口老龄化加速发展。然而，中国现阶段的城乡养老服务体系相互分离，尚未形成统筹与协调发展的运行机制。基于此，本章试图基于新型城镇化与新农村建设协调发展的视角，研究中国城乡养老服务业的市场潜力、现实困境与动力机制，进而提出破解城乡养老服务业协调发展障碍的路径与对策。

## 第一节 城乡养老服务业的市场潜力及其现实困境

据有关资料分析，我国养老服务产业的市场约有 1 万亿元，而到 2020 年将达到 5 万亿元的市场潜力。我国尤其是长三角发达城市人口老龄化的加快，为发展养老产业提供了良好机遇。从"十二五"或更长时间看，我国老年人口年均增长全国为 3.3%，人口老龄化趋势将加剧发展。以上海为例，到 2015 年末，上海市老年人总量将突破 400 万，其老年人口占总人口的比重将接近 30%。我国主要地区 2010 年老龄化水平和 2015 年末老年人口预测数，如下表 14-1 所示。

表 14-1 我国主要地区 2010 年老龄化水平和 2015 年末老年人口预测数比照表

| 人口指标 地区 | 2010 年底老年人口/（万人） | 2010 年底占总人口比例/（%） | 2015 年末老年人口预测数/（万人） |
|---|---|---|---|
| 全国 | 16700 | 12.5 | 20300 |
| 长三角地区 | 2328 | 17.2 | 3018 |
| 上海市 | 316 | 22.5 | 400 |
| 杭州市 | 113 | 16.7 | 148 |

同时，据上海市相关机构对有关养老方式态度的调查结果显示：13.1%的受访老人表示愿意去养（敬）老院；限于经济实力等因素，也有 1%的老年人能够真正实现"候鸟式

养老"。以此推算，上海市约 40 万的老人愿进入养老机构安享晚年，而这其中有 17% 的人能接受 1500 元/月以上的养老费支出，约 3 万的老人能实现异地养老。另外，按相关调查数据表明，浙江杭州市约 11 万的老人愿进入养老机构安享晚年，其中约 1.9 万的老人能实现异地养老。然而，相对于我国养老服务的巨大市场潜力而言，我国养老服务业发展严重滞后。从养老机构床位来看，我国目前百位老人年拥有养老床位不足 2 张，离国际通常认为的 7% 的比例，还有很大的距离。另据杭州市有关部门调查，老年人想入住养老机构而没有入住的原因，41.9% 是因为没有合适的养老机构，他们盼望进入价格合适、出行方便、环境优美、服务齐全、档次较高的养老机构安享晚年。

另一方面，我国许多农村区域长期很少受到工业污染，具有洁净的环境特点，势必成为城市难得的绿色生态区域和"净土"。这种优势也正是城市缺少的、现代生活所追求的，必将成为城市老年人向往生活、旅游观光、安享晚年的美不胜收的生态福地。随着城市建设及其老年人口规模的不断扩大，这块难得的生态廊道将更显珍贵；而且随着城乡一体化建设步伐的加快，城乡间交通日趋便利，农村养老服务机构的服务能力不断提升，农村农业相关产业（如乡村旅游、休闲农业等）和鲜明的地方文化特色十分明显，这些都对农村养老产业发展形成了较好的支持。面向城市老年人的农村休闲旅游业、老年养生房产业等具有明显的生态性、低碳性、服务业性的养老（养生）产业，符合农村自身的分工地位和区域规划导向，是农村主动融入城市，吸引城市老年人来农村居住养老、休闲养生的重要路径。

# 第二节　城乡养老服务业发展的动力机制

阿林·杨格的分工理论又是当代经济学最具有影响力的理论之一。阿林·杨格直接继承了亚当·斯密的分工思想，他的分工理论后来被人们称为"杨格定理"（Young Theorem）。杨小凯将杨格定理概括为三个基本命题："递增报酬的实现依赖于劳动分工的演进；不但市场的大小决定分工程度，而且市场大小由分工程度所制约；需求和供给是分工的两个侧面"。基于对杨格定理的理解，笔者认为，影响城乡养老服务产业发展的主要因素有需求、供给、分工和技术，在这四个因素相互作用下，城乡养老服务产业不断发展。而且，这四个因素通过系统的网络效应（乘数效应）和整体效应形成了远远大于单个作用力的合力，有力地促进了城乡养老服务业一体化发展。

## 一、促进城乡养老服务业发展的内在动力

递增报酬的实现依赖于劳动分工的演进，迂回生产方式（Round about Production Method）的发展是劳动分工最大的特点。在初始生产与服务要素和最终消费之间插入越来越多、越来越复杂的服务工具、半成品、知识的专业生产与服务部门，使分工越来越精细。而且，生产与服务效率的提高，会增加分工的好处，从而促进"迂回生产"的发展：养老服务产业分工细化使城乡养老服务的中间服务产品层次增多，城乡养老服务生产的迂回程度增加，则原来的养老服务产业可能分化为若干养老服务相关产业，从而表

现为城乡养老服务业的不断发展。

## 二、促进城乡养老服务业发展的直接作用力

1. 市场的大小决定分工程度。城乡养老服务需求的变化为养老服务供给和技术的变化提供了目标和动力，为城乡养老服务业分工细化提供市场容量与市场潜力。其中，区域政府对城乡养老服务需求往往有较大的调控力量，政府对城乡养老服务的干预一般是通过制度和政策的形式来实现的。区域政府可通过税收、金融、财政等手段刺激某些养老服务的需要，成为城乡养老服务事业发展的直接作用力。

2. 需求和供给是分工的两个侧面。随着养老服务市场供给量的增多，养老服务生产活动越来越频繁，信息流量越来越大，信息搜寻成本增加，创造了对城乡养老服务事业的需求，城乡养老服务的相关辅助产业势必得到快速地成长。

3. 技术是城乡养老服务事业发展的催化剂。由于人类分工的不断细化，知识与技术积累量增多，人脑的开发利用程度不断深入，由此产生养老服务产业的技术创新，促进新的产业的形成。例如，交通技术（特别是快速交通技术）的进步势必刺激养老服务需求区域结构发生变化，从而促进城乡养老服务事业的不断发展。

# 第三节　破解城乡养老服务业协调发展障碍的路径选择

中国现阶段的养老服务市场潜力巨大，但仍未形成协调发展的城乡养老服务运行机制。促进城乡养老服务业发展的动力包括分工、需求、供给和技术等因素，在这四个因素的相互作用下，城乡养老服务业不断发展。例如，养老产业处于起始阶段，思想认识上有待进一步深化；产业的综合性强，需要找准发展的切入点；囿于"社会福利政府办"的传统观念，对利用社会资本发展养老产业的政策，尤其是土地政策等还有待进一步的明确和研究；城乡养老服务一体化发展存在瓶颈，其布局缺乏统一的规划和引导等。改革城乡分离的养老服务政策，构建城乡养老服务的联动机制，以及构建城乡养老服务协调发展的治理结构，是破解城乡养老服务业协调发展障碍的路径选择。养老服务产业是一个特殊产业，在发展过程中还存在诸多问题需要引起重视和解决。如下，将提出破解城乡养老服务业一体化发展障碍的路径与对策。

## 一、改革城乡分离的养老服务政策

1. 合理界定城乡养老服务各主体的利益边界。经济利益是城乡养老服务业发展的物质基础，但由于农村产业发展的弱质性，使得农村在城乡养老服务业发展中分享的分工经济收益的份额相对城市要小，而在城乡养老服务业发展中承担比城市较大的交易费用。因此，必须铲除旧有城乡市场壁垒和重构新的城乡利益格局。应把握人口老龄化发展趋势，依托区域现有的产业基础、相关产业支持和历史文化资源，培育发展以老年照护、养老房产、休闲度假、养生保健、用品制造等养老项目。其现实路径是不断增强郊区（或

县域城镇）养老服务业发展的动力，使之有效地链接城乡间养老服务一体化发展的关键节点。

2．改革现有城乡养老服务分离的相关政策。现行的城乡养老服务分离政策主要表现在户籍政策、土地政策和住房政策等方面。养老产业作为一个多元化及复合型的新兴产业，具有带动性强、产业链长等特点。因此，国家政策改革的目标是逐步破除影响城乡养老服务业互动发展的体制性障碍，按照多业协同、融合发展的思路，切实解决好发展过程中的体制机制障碍，促进涉老三次产业的共同发展。其现实路径是通过法律手段和政策途径，对城乡间养老服务主体之间和利益群体进行兼顾效率和公平的"定位"，以有效破除利益驱动力导致的城乡养老服务业分离。

## 二、构建城乡养老服务的联动机制

1．构筑城乡养老服务网络。市场的大小决定分工程度，因此，可以根据城乡资源分布、社会劳动地域分工和市场需求的差异性，积极扶持发展城乡间互惠互利的养老服务组织和市场中介组织，并构筑以大城市或中心城市为中心的，以服务协作网、资金融通网、技术信息网等多要素复合运动形成的城乡间养老服务网。这有助于组织城乡资金流通以及技术信息、人口等在城乡之间合理流动，克服城乡养老服务的供需矛盾。其中，交通事业是发挥城市在城乡互动中的传导神经，因此，构筑城乡养老服务网络的现实路径是大力发展交通事业，以推进城乡养老服务一体化发展。

2．发展农村养老服务事业。城市养老服务需求的变化为农村养老服务业分工细化提供市场容量。然而，农村养老服务业的落后状况，成为制约了城乡养老服务业发展的因素之一。因此，大力发展农村养老服务业，是培育城市养老服务市场的重要路径。农村区域可以以招商引资和项目建设为支撑，着力发展市场化运营、高档次、能服务的养老服务综合体，鼓励从多方面探索养老产业的差异化发展模式和服务策略，注重与三次产业的融合，满足城市中高收入老年人的养老消费市场。同时，把郊区（或县域城镇）建设成为城乡区域养老服务业的集聚点和增长中心，使之与原有的中心城市、广大农村结合在一起，逐步形成以农村原有的养老服务相关产业为基础、以若干适应于城市市场需求的骨干养老服务机构为龙头、以相关部门密切配合的城乡养老服务业一体化发展格局。

3．壮大骨干养老服务机构。城乡养老服务业的微观主体是养老服务机构，骨干养老服务机构应充分发挥当地资源优势，重点发展老年照护、康复护理、老年旅游等产业。农村骨干养老服务机构要以城市养老服务市场需求为导向，通过吸引社会资本，依托相邻产业的支持，建设中高档次的生活照料、养护、康复护理为主要服务的专业性项目。并积极开展城乡间养老服务的横向联合，以城市养老服务业为依托，接受城市的技术、资金辐射，为城市养老服务提供各种专业化的协作配套。同时，政府应充分发挥其在养老服务业发展中的主导作用，着力吸引较强实力的主体投资养老产业，养老服务机构自身要不断健全完善运作机制。

## 三、构建城乡养老服务协调发展的治理结构

1．建立跨越城乡的行政组织协调机制。在城乡分割的管理体制和以地方利益为重的

情况下，促进城乡养老服务一体化特别需要有调控能力的协调机构，包括通畅的联系机制和合理的组织协调机制。在一定的城乡地域范围内，可成立负责养老服务事业研究策划、统筹规划、联系沟通、指导实施、信息服务、政策法规咨询等工作的职能化组织协调机构，推动和引导城乡养老服务全方位、多层次和高效益的全面合作。同时，建立有效的组织运行机制，其运行机制势必在统筹城乡养老服务业发展的同时，让市场机制有效地"冲击"城乡养老服务业发展中的"行政区藩篱"。

2．加快构建跨越城乡的养老服务综合体。城乡养老服务业的主体是养老服务机构，跨越城乡的养老服务综合体的市场力量有利于打破城乡壁垒，合理安排其内部组织的空间结构，客观上成为一种客观存在的协调机制。在城乡养老服务业发展过程中，城乡利益难以通过"行政性协调"、生产要素的流动难以通过"行政性方法"解决时，跨越城乡的大型养老服务综合体的建立及运作将会起到很大作用。

3．有效激活养老服务行业协会的活力。从国外经验看，行业协会作为一个行业自律性组织，可以弥补政府和企业无法起到的作用或职能。跨越城乡组建养老服务行业协会可突破城乡界限，引导城乡不同地区养老服务主体的联合、分工与合作，进而推进城乡间养老服务的专业化分工协作，形成城乡一体化的养老服务业集群。

**注释**

[1] 张桂华，孙军，谢素艳，阴惠义. 构建城乡养老服务体系的对策研究——以大连市为例[J]. 农业经济，2013（3）：96

[2] 陆杰华，王笑非. 我国城市居家养老照护体系的时代创新[J]. 上海城市管理，2013（4）：12

[3] 盛会莲. 试析唐五代时期政府的养老政策[J]. 浙江师范大学学报（社会科学版），2012（1）：46

[4] 李杰义. 农业产业链城乡间延伸的机理及政策建议[J]. 中州学刊，2009（3）：67-68

[5] 罗伯特·霍尔茨曼，理查德·欣茨. 21世纪的老年收入保障：养老金制度改革国际比较[M]. 北京：中国劳动社会保障出版社，2006：46

# 路 径 篇

# 第十五章 中心镇发展的实践探索与路径选择

作为新型城镇化和网络化城市体系有机组成部分的中心镇，是城乡一体化背景下区域经济发展的新引擎，将在统筹城乡发展中发挥不可替代的战略性节点作用。国外关于中心镇发展的相关理论研究很少，相近研究主要集中于城市群的相关理论探讨（Friedmann，1986；Kunzmanr，Wegener，1991；Venables，1996；Poncet，2005）[1-2]。国内有关中心镇的研究源于对原有小城镇理论的丰富和发展。晏群[3]（2008）和胡厚国[4]（2008）从"地理—功能"视角认为中心镇是某一地区中周围若干个乡镇的中心，其地理位置相对居中，在周围地区中相比较而言其经济实力较强。林华桂（2008）把中心镇分为：大城市近郊的中心镇、经济发达及城镇密集区的中心镇、中西部农业地区的中心镇、作为物资集散地的中心镇、为能源工业或其他重工业配套的中心镇、具有历史文化特色和自然风光的中心镇等[5]。袁中金等（2004）对我国 17 个省的 1663 个中心镇进行了统计分析的结果表明：人口规模越大，贫困人口比重越低[6]。上述研究，对丰富中心镇的研究和推动我国统筹城乡发展是十分有益的。但现有研究较少从城乡区域结构优化的视角下考察中心镇改革与发展问题，案例研究和实证研究还很薄弱，提出的发展策略的针对性也略显不够。基于此，试图通过浙江省杭州市 27 个中心镇的调查研究，探讨中心镇的发展模式与发展路径，以服务于推进新型城镇化、新农村建设与"三农"改革的实践。

## 第一节 城乡一体化实践中的中心镇发展模式探索

本研究的调查涵盖了由《浙江省人民政府关于加快推进中心镇培育工程的若干意见》（2011 年）和《浙江省中心镇发展规划（2006—2020）》（2007 年）所公布的杭州市 7

县（市、区）全部中心镇，总共 27 个。具体包括萧山区的瓜沥镇、临浦镇和河上镇；余杭区的塘栖镇、余杭镇、良渚镇、瓶窑镇；富阳市的新登镇、大源镇、场口镇、万市镇；临安市的淤潜镇、昌化镇、太湖源镇、高虹镇；建德市的梅城镇、寿昌镇、乾潭镇、大同镇；桐庐县的分水镇、富春江镇、横村镇、江南镇；淳安县的汾口镇、威坪镇、临岐镇、姜家镇。杭州市各中心镇的相关数据来源于笔者承担的浙江省杭州市发展和改革委员会咨询课题：《杭州市中心镇"十二五"规划研究》（2010）的调查研究。如下的表述中，中心镇名一律用其首个英文字母代替。通过对杭州市 27 个中心镇的调查发现，近几年来，杭州市各中心镇根据其区位条件、资源禀赋及经济社会发展基础，因地制宜，已初步形成了八种差异化、特色化发展模式。类似的概括并不少见，如宋先道曾提出了发展湖北省小城镇建设的 9 大优化模式：旅游资源开发模式、农业产业化龙头企业带动模式、农村农庄经济发展模式、卫星城镇模式、传统手工艺发展模式、矿业开发带动模式、农村特色种植业模式、水产养殖业模式和打工经济模式等。

## 一、大都市卫星城发展模式

T 镇(塘西镇)位于杭州市北部，2010 年，全镇行政区域面积为 79km$^2$，总人口近 10 万人，为浙江省级小城市培育镇，杭州大都市 T（镇）组团的核心。T 镇强化"调整城市结构、调整产业结构、转变发展方式"的发展导向，规划在 2011—2013 年期间，完成工业和第三产业投入 72.5 亿元，积极构建 3+1 产业体系（其中，"3"为现代服务业、高新技术产业以及观光休闲农业，"1"为文化创意产业）；规划 2011-2013 年期间，完成投资 5700 万元，建立健全一级财政体制，积极实施强镇扩权改革，着力推进行政管理体制、社会管理机制和户籍制度改革。

T 镇发展模式的特点有：一是依托其作为大都市城区有机组成部分和古镇千年历史的优势，提升城镇功能品质，增补大都市功能。二是利用大都市加快转移第二产业、发展第三产业的机遇，承接大都市产业转移，提升区域主导产业实力。三是积极发展与产业转型相迎合、与城镇功能相适应、与生活居住相配套的现代服务业。四是积极发挥集聚农村人口作用，统筹社会事业发展，建设"大都市美丽农村"，着力打造"宜游、宜业、宜居"的大都市卫星城。同属于大都市卫星城发展模式的中心镇还有萧山区的瓜沥镇和临浦镇；余杭区的余杭镇和良渚镇。

## 二、综合服务型发展模式

X 镇(新登镇)位于杭州富阳市西部，是富阳市的副中心城市。2010 年，全镇行政区域面积 180km$^2$，常住人口 6.7 万人。X 镇充分发挥其依山傍水的优势及千年古镇的悠久历史文化，规划 2011-2013 年期间，完成产业投入 80.67 亿元，形成以铜深加工业、机械装备制造业、新型建材业等新型重化工业为主导，配套发展研发创新、中介服务等生产性服务业的产业格局；完成投资 110.92 亿元，构筑优美城市空间形态；完成公共事业投资 25.97 亿元，形成便捷畅通的市政设施网络、保障有力的社会事业网络和高效便民的公共服务体系。

X 镇发展模式的特点有：一是充分发挥区位优势，全面建设区域性副中心城镇，提

升城镇功能品质，实现城镇向小城市的跨越。二是注重综合开发，构建现代产业体系和产业大平台。三是积极培育商务办公、科教卫生、商贸流通、文化服务、房地产等综合配套服务功能，建设功能完善的小城镇。同属于综合服务型发展模式的中心镇还有临安市的昌化镇；建德市的寿昌镇；淳安县的汾口镇。

## 三、工业主导型发展模式

Q 镇（乾潭镇）位于杭州建德市东部，2007 年，全镇行政区域面积 386km²，总人口 6 万人。2006 年以来，Q 镇围绕建设"浙西经济强镇"目标，工业经济快速发展，家纺寝具、五金工具等主导产业特色鲜明、集群优势明显。2010 年以来，全镇已有入园企业 137 家，基础设施累计投入 2 亿元，企业累计投资 12.7 亿；已建成城东、城中、五金等 3 个功能区块，实现工业销售产值 81 亿元，工业生产总值 25 亿元。现成为全球最大的螺丝刀生产基地、浙江省手工工具出口重要基地、华东地区最为集中的床上用品（寝具）生产基地。

Q 镇发展模式的特点有：一是依托现有工业发展条件，加快产业结构调整，积极运用高新技术、先进适用技术特别是信息技术改造提升传统优势产业。二是以提升技术含量和附加值为导向，发展先进制造业，培育具有技术先导示范作用的企业群。三是依托现有产业基础，利用国家大力发展战略性新兴产业的历史机遇，积极培育和发展新兴潜力产业。四是加快工业功能区的基础设施建设，提高功能区承载大产业大企业大项目的能力，积极推动功能区从企业集聚向现代产业集群演进。同属于工业主导型发展模式的中心镇还有萧山区的河上镇；富阳市的大源镇和场口镇；临安市的高虹镇。

## 四、工贸并举型发展模式

D 镇（大同镇）位于建德西南部，2010 年，全镇行政区域面积 160km²，总人口 5.6 万人。D 镇是建德市全国碳酸钙特色产业基地的碳酸钙资源大镇，D 镇的碳酸钙品质好，是生产塑料母料、氢氧化钙、PVC、橡胶、涂料、水泥等产品的优质原料。2005 年以来，D 镇依托劳动力、矿产及土地资源优势，大力推动工业大平台建设，初步实现从农业大镇向工业重镇的转变。2005 年以来，已累计投入基础设施配套资金 6912 万元，平整土地 1 071 733 m²，已有 37 家工业企业入驻，其中 2010 年园区引进的 1 亿以上的项目 6 个。工业功能区及制造业的快速集聚发展，使镇区碳酸钙专业市场得到一定的培育，物流、电子商务、检测等服务业得到发展，支撑了碳酸钙产业等相关工业的发展。

D 镇发展模式的特点有：一是协同推进工业功能区建设与新城建设，打造以特色产业及系列产品为主导的特色工业基地。二是形成以特色产品为主线，集研发、产品检测、信息服务、商务服务为一体的生产服务体系，布局以特色产品研发、交易、展示、质检为主要功能的特色产品综合利用中心。三是建设集采购、装载、运输、仓储、配送为一体的特色专业市场，打造特色专业市场品牌。四是依托工业功能区和专业市场，促进工贸联动发展，实现市场建设与制造业发展的相互促进，拓展和提升城镇规模和功能。同属于工贸并举型发展模式的中心镇还有余杭区的瓶窑镇；桐庐县的分水镇。

## 五、商贸流通型发展模式

Y 镇（於潜镇）位于临安中部，2010 年，全镇行政区域面积 261.2km²，户籍人口 5.1 万。2007 年以来，Y 镇以特色产业为依托，加快新型商城、五金市场等具有辐射效应的特色专业市场建设；积极培育蚕茧、竹笋、茶叶等农副产品专业市场；加快天目路和潜阳路精品服饰特色街建设，打造现代化的商贸群和特色经营街区。已形成了布局科学、集聚能力强的商贸网络体系，增强商业中心的集聚力及对周边乡镇的辐射力。2009 年以来，先后引进商贸规模企业（年主营业务收入 500 万元及以上）4 家。其中，成功引进总投资达 1200 万元的欧特福生活购物中心，拥有商业网点 3100 个，吸纳从业人员 12000 余人（占全镇劳动力的 50%）。

Y 镇发展模式的特点有：一是依托镇域地理位置良好、交通便捷的优势，抓住发展第三产业良好契机，提出商贸旺镇的发展战略，形成商贸产业的核心竞争力。二是依托大都市郊区的区位优势，加快建立完善各种交通设施和服务设施，形成集聚能力强的商贸网络体系，增强对周边乡镇的辐射力。三是大力发展特色专业市场、现代物流及餐饮、信息、娱乐等配套产业。同属于商贸流通型发展模式的中心镇还有桐庐县的横村镇和江南镇。

## 六、旅游开发带动型发展模式

J 镇（姜家镇）位于千岛湖西南湖畔，距淳安县城 39km。2010 年，全镇行政区域面积 225.6km²，总人口 2.7 万人。J 镇湖湾交错，岛屿众多，有千岛湖最大的原生态次生林带和广袤的湿地灌丛；J 镇传承了新安文化和遂安文脉，有着深厚的历史文化和丰富的地域风情。旅游产业是 J 镇的最大优势，J 镇功能定位为："千岛湖西南旅游服务中心、影视文化风情小镇、特色旅游综合体。""十二五"期间规划引进投资 30 亿元的上海文广影视文化小镇项目和 2 亿元的灵岩景区项目，丰富 J 镇旅游产品的构成；规划以总投资 6000 万元的郭村特色文化旅游示范村创建为引领，推进 J 镇城东村农家乐特色村和石颜大型休闲农庄建设，加快推进观光农业和乡村旅游产业链由集镇向农村逐步延伸。

J 镇发展模式的特点有：一是立足镇域内的自然资源、人文资源、生态资源特色，大力发展生态休闲旅游，以旅游为龙头带动现代服务业发展。二是积极培育具有特色的旅游主导产品，壮大特色旅游产业，以做大做强旅游产业带动城镇整体发展，提升城镇综合实力。三是加快以文化娱乐、住宿餐饮、购物休闲、旅游信息服务、旅游中介、旅游交通为主的旅游服务发展和业态调整，打造多元化的旅游业态格局。同属于旅游开发带动型发展模式的中心镇还有淳安县的临岐镇。

## 七、农业产业化主导型发展模式

W 镇（威坪镇）位于淳安县西北部，南临千岛湖。2009 年，全镇行政区域面积 302km²，总人口 5.3 万人。基于 W 镇的自然条件、历史条件和区位条件、区域职能和综合实力、产业特色和竞争优势等方面要素分析，W 镇功能定位为生态农业、生态工业、生态休闲为一体的贸工农一体化的生态化城镇。生态农业经济为以蚕桑、茶叶、水果三大产业为

核心。2010 年投资 1000 万，新拓展和改造农产品基地 2 000 000 m²，在叶家中心村打造浙江蓝莓中心。以蚕桑园区为重点，大力推行农业休闲观光游、农业生产体验游等。2010 年，已引进 2 家注册资金分别为 5000 万与 3500 万元的农产品加工企业入驻横双工业园区，黄金村已经投资 500 万元打造休闲垂钓中心。

W 镇发展模式的特点有：一是依托农业资源，以工业化的理念推进农业产业化，积极推进高效生态农业的专业化生产、集约经营。二是提高农业的组织化、规模化、标准化水平，打造农产品区域品牌。三是延伸与整合农业产业链，构建现代农业产业体系，以现代农业的发展促进第二产业、第三产业升级，实现城镇经济的整体发展。同属于农业产业化主导型发展模式的中心镇还有富阳市的万市镇。

### 八、文化产业发展型发展模式

M 镇（梅城镇）古称睦州、严州，已有 1700 多年的建制历史。2010 年，全镇行政区域面积 152.4km²，总人口约 5.5 万人。2006 年以来，依托千年古刹玉泉寺的佛教文化、乌龙山的水浒文化等资源，发展养生养老和旅游休闲产业，积极打造文化旅游综合体。2011 年，古城保护具体方案正式出台，包括严州古城 19 座牌坊的挖掘修复、龙山书院复建、严州文丛 80 卷、古严州特色风情一条街等在内的古城文化项目积极纳入到保护和开发之中。M 镇打造国内知名的养生养老基地，已成为杭州西部重要的旅游节点。M 镇注重调动企业家和社会各方面的积极性，引导民营企业参与文化休闲产业的建设，2006 年以来，共招商引资 8.6 亿元。

M 镇发展模式的特点有：一是明确区域文化资源优势和潜力，把古城保护作为城镇发展的基础性工程，注重古城保护和挖掘各类文化资源特色，着力培育文化产业，创建文化知名品牌。二是大力发展养生养老、旅游休闲产业等相关产业，拓展与延伸文化产业链。三是依托镇域内的文化资源发挥民间资本充裕的优势，鼓励民营企业投资文化产业领域。同属于文化产业发展型模式的中心镇还有临安市的太湖源镇。

## 第二节　中心镇发展模式总结与共同路径

研究表明，浙江省杭州市的 27 个中心镇在推进城乡一体化的实践中初步形成八种发展模式，这八种发展模式的共同路径可以概括为：以培育特色产业与特色产业链为核心，通过推进 "三个集中""三个置换""强镇扩权" 与多元化城镇建设投入机制创新，最终实现区域经济发展方式转变、健全城乡公共服务体系两个基本目标。上述八种中心镇发展模式，都是按照推进城乡一体化、新型城镇化和社会主义新农村建设的要求，以新型工业化和农业现代化为支撑，将产业发展与城镇基础设施建设、生态环境保护和公共服务体系建设结合起来，逐步实现城乡基本公共服务均等化。

第一，围绕实现区域经济发展方式转变、健全城乡公共服务体系两个基本目标。浙江省 27 个中心镇、八种中心镇发展模式，都以转变经济发展方式，健全中心镇公共服务体系作为中心镇发展的基本目标和一根红线。以建德市梅城镇和桐庐县分水镇为例：建德市梅城镇基于其自然、区位条件、区域职能和综合实力、产业特色和竞争优势等方面要素分析，在其经济社会"十二五"规划明确提出，以新型城镇化为主导，以产业发展为支撑，将梅城镇打造成为产业特色鲜明、空间布局合理、结构功能优化、生态环境优良、社会事业进步、功能设施完善的经济重镇、旅游强镇和历史文化名镇，全面建成小康社会；桐庐县分水镇率先确立了培育小城市发展目标，突出"生态立镇、绿色富民"的总体发展思路，推进工业经济转型升级、生态城市建设和城乡统筹协调，规划到2012年，把分水镇建设成为产业高度集聚、经济持续增长、功能配套完善、生态环境优美、管理体制高效的现代化小城市。

第二，以培育特色产业与特色产业链为核心，壮大支撑中心镇可持续发展的物质基础。中心镇发展势必以特色产业作支撑，打造特色产业链[7]（李仁彬，2004）。而且，应以区域块状经济和工业功能区为基础，引导镇区范围内和周边乡镇的企业向工业功能区集聚，并积极推进块状经济向现代产业集群转变。建德市寿昌镇以招商引资为突破点，以产业集群为重点，初步构建了具有地方特色的、区内整合、区内外联动、三大产业相互支撑的现代产业体系：工业方面，以原有的产业基础为依托，着力培育建材冶金、家纺和食品加工等传统特色产业为主体的现代产业集群；服务业方面，重点扶持了绿荷塘古楠木生态园夕阳红生态养生中心、广安安养院、千岛锦王老来乐休闲中心和杭州温泉疗养保健乐园等与具有区域资源禀赋相关的项目，形成了以商贸、餐饮、休闲、文化等为主体的消费性服务业；农业方面，形成以蔬菜、有机茶叶、禽蛋、板栗、生猪和獭兔等特色生态农业为基础的现代农业产业体系。

第三，通过推进工业向园区集中、居住向社区集中、农业向规模经营集中"三个集中"，以土地承包经营权置换城镇社会保障、以农村宅基地和农民住房置换城镇产权住房、以集体资产所有权置换股份合作社股权"三个置换"[8]（杨振宁，2008），来实现农村土地资源配置方式、农村经济社会发展方式、城乡区域统筹发展方式"三个优化"。2007年以来，桐庐县分水镇大力开展以农村宅基地和农民住房置换城镇产权住房、以土地承包经营权置换城镇社保的"二合一""二选一"模式进行农村住房改造，引导农民向城镇集中发展，实行农村住房公寓化；以户籍制度改革为突破口，加快农民向镇区、中心村集聚，积极吸引外来人口尤其是技能劳动力在镇区安家落户；以商住房建设项目、新农村建设项目为抓手，优化住房供应结构。2007年以来，累计投资 19.2 亿元，新建住宅 36 万 $m^2$；累计投资 6.5 亿元，新建农民转移集聚安置房 20 万 $m^2$，转移农户 2300 户（合计 7900 人），盘活存量土地 800 000 $m^2$。2010 年，全镇城镇常住人口集聚率达 65%。

第四，建立多元化的城镇建设投入机制，调动农民、集体和社会参与中心镇建设、改善民生、发展生产的积极性。在加大政府投入力度的同时，加快发展多元化的新型农村金融组织，吸引民间投资，鼓励企事业单位、个人投资建设中心镇。建德市乾潭镇积极探索创新融资方式，多渠道、多方式筹措建设资金；向上争取省、市专项建设扶持资金，逐年加大对城镇基础设施建设的投入力度；转变招商方式和引进机制，加强私募股权投资企业的引进工作；以加强投资环境建设为支撑，重大经贸活动为平台，引进龙头项目为重点，吸引更多域外资金来乾潭镇投资；主动承接上海、杭州等城市的产业梯度转移，加强与浦江、桐庐等周边县市的区域合作，吸引镇外税源型企业入驻乾潭镇。

第五，积极创新"强镇扩权"体制和健全公共服务体系，推进财政体制、土地制度、户籍制度、社会保障制度、住房制度、教育制度、行政管理体制、社会管理体制等方面的综合配套改革[9]（Falk，1993），进而实现城乡区域建设一体化、资源要素配置一体化、公共服务一体化和民生保障一体化。富阳市新登镇计划到 2015 年，建立小城市综合执法中心，统筹协调各部门派驻机构；建立市行政服务中心新登分中心，与便民服务中心合署，受理辖区内经济社会发展等事务的审批服务工作；建立市公共资源交易中心新登分中心，负责镇级项目 1000 万元（含）以下、村级项目 100 万元（含）以下的工程建设招投标、物资和服务采购、国有集体资产处置及其他公共资源交易；加快推进全镇级土地使用制度改革，鼓励开展土地承包经营权依法流转、农村宅基地和住房置换城镇产权住房，非农建设用地以股权形式共同参与开发经营。

## 第三节　研究小结与政策启示

对浙江省杭州市 27 个中心镇的发展模式与路径的研究表明：第一，中心镇的发展模式与路径是建立在区域经济社会发展基础之上的，是中心镇一般性发展规律与区域性特有发展条件相结合的产物。基于此才呈现出各具特色的中心镇发展模式，但这绝不意味着中心镇的发展模式只限于上述几类，实践中的中心镇发展路径往往是几种发展模式的结合。第二，与中心镇发展模式与路径关系最为紧密的就是地方的产业经济基础，不同的区域经济特点、不同的产业成长阶段以及不同的区域发展目标，总是与不同的中心镇发展模式与路径密切相关的。只要因地制宜、凸现特色，才有可能为中心镇建设夯实产业基础。第三，中心镇模式与路径的形成需要依循自身已具备的客观条件，但中心镇的发展模式与路径则是可以选择的。鉴于中心镇发展受主观和客观双重因素制约，中心镇发展模式与路径的选择，应该是基于区域发展战略和中心镇的客观实际而做出的理性决策。

研究表明，目前既要总结推广中心镇发展中的典型做法与经验，又要认真研究解决中心镇发展中的新情况、新问题。浙江省杭州市 27 个中心镇的八种发展模式的实践证明，当前东部地区中心镇发展中还应处理好四个方面的关系：

第一，正确处理中心镇发展与城乡一体化、新型城镇化、新农村建设之间的关系。中心镇建设与发展切忌盲目模仿大中城市建设，应根据"不求最大，但求最佳"的思路，推进大中小城市与中心镇协调发展，努力培育各具特色和产业发展潜力的精致城镇与网络型中心镇体系。同时，把中心镇发展与扩大投资拉动内需、深化农村改革、新农村建设相结合，走有地方特色的新型城镇化道路，促进农村经济繁荣和城乡一体化发展。

第二，正确处理中心镇建设（城镇化）与非农化（工业化）的关系。不单纯追求中心镇建设的表面形式，而是通过培育非农产业来促进中心镇建设，走"以产业为先导，以建镇为基地"的发展道路。中心镇可以充分挖掘人文传统、产业特色、区位优势与资源禀赋的特色，培育具有比较优势的特色经济，通过特色经济带动中心镇的发展。在打造中心镇特色经济的同时，注重城镇自身特色的塑造与维护，因为"特色"作为一种

"比较优势"，是中心镇产业发展的"核心竞争力"。

第三，正确处理中心镇产业集聚与人口集居的关系。工业在中心镇的聚集发展，必然会增加来自工业企业的利税，扩大城镇建设资金的来源，进而促进城镇基础设施建设。因此，中心镇势必坚持"产业兴镇"的发展思路和产业集聚的发展模式。同时，有关研究表明：当城镇人口超过 5 万人时，其经济效益将随着其人口规模的增长而明显增加[10]（邵西梅，2006）。但浙江现有的中心镇，人口和村落布局分散，所以中心镇要坚持人口集聚居的发展模式。另有研究表明：小城镇工业企业规模与人口相关系数为 0.723，大大高于第三产业与镇区人口的相关系数[11]（Lucas，2004），培育非农产业，对于中心镇的发展关系密切。

第四，正确处理中心镇经济发展与文化建设、生态建设、制度建设的关系。在中心镇发展过程中，势必坚持"特色立镇"的发展思路，充分保护和合理利用传统文化，并将其融入当地中心镇的发展中，使之成为区域发展的独特标记；势必充分保持其固有的"乡土"气息、"亲生态"属性和生态价值蕴含，使中心镇真正成为能够兼容城乡优点的"绿色家园"；势必积极推进"强镇扩权"配套改革，在土地制度、户籍制度、社会保障制度、教育制度、社会福利制度进行相应的制度创新[12]（李凌等，2008），尽可能提供有利于产业聚集和人口流动的制度支持。

### 注释

[1] Venables，A.. Equilibrium locations of vertically linked industries[J]. International Economic Review，1996，37（2）：341-359

[2] Poncet，Sandra. A fragmented China：Measure and determinants of chinese domestic market disintegration[J]. Review of International Economics，2005，（13）：29-30

[3] 晏群. 关于"中心镇"的认识[J]. 小城镇建设，2008，（1）：33-34

[4] 胡厚国，徐涛松.中心镇培育为小城市的途径与对策[J]. 小城镇建设，2008，（1）：29-32

[5] 林华桂. 中心镇规划和建设的实践与思考[J]. 广东科技，2008，（7）：65-67

[6] 袁中金，刘君德. 中国中心镇镇区人口规模研究[J]. 城市规划，2004，（6）：56-59

[7] 李仁彬. 以区域中心镇为重点着力推进我市城乡一体化[J]. 中共成都市委党校学报，2004，（5）：47-48

[8] 杨振宁. 城乡统筹发展与城镇化关系的实证研究——基于安徽省的数据[J]. 农业经济问题，2008，（5）：49-54

[9] Falk，Richard. Governance without government：Order and change in world　politics（Book Review）[J]. The American Political Science Review，1993，87，（2）：544-545

[10] 邵西梅. 农业人口集聚与小城镇化——新泰市坟南镇小城镇建设的实证分析[J]. 江西农业学报，2006，（3）：179

[11] Lucas，R. E.. Life Earnings and rural-urban migration[J].Journal of Political Economy，2004，112，（1）：29-59

[12] 李凌，卢洪友. 城乡代表性基本公共品的多重结构：义务教育、医疗卫生与养老保险[J]. 改革，2008，（6）：85-86

# 第十六章 中心镇产业发展的模式与路径选择

我国正处于经济转型的重要时期，新型城镇化建设将成为我国当前经济转型与发展的重要动力。中心镇在行政辖属上是各地域单元中的核心乡镇，在地理位置上是镇域范围内若干个乡镇的中心，是能够带动一片地区发展的增长极核。中心镇是新型城镇化和网络化城市体系有机组成部分，是积极稳妥推进城镇化、完善城乡基础设施的着力点，将在缩小城乡差距、推进公共服务均等化发展、推进城乡一体化中发挥不可替代的战略性节点作用[1]。产业是中心镇生存与发展的基础，因此，试图通过对浙江省杭州市 27 个中心镇的调查研究，探讨中心镇产业发展的路径与模式。

## 第一节 中心镇产业发展模式

本研究的调查涵盖了由《浙江省人民政府关于加快推进中心镇培育工程的若干意见》（2011 年）和《浙江省中心镇发展规划（2006—2020）》（2007 年）所公布的杭州市 7 县（市、区）全部中心镇，总共 27 个。具体包括萧山区的瓜沥镇、临浦镇和河上镇；余杭区的塘栖镇、余杭镇、良渚镇、瓶窑镇；富阳市的新登镇、大源镇、场口镇、万市镇；临安市的淤潜镇、昌化镇、太湖源镇、高虹镇；建德市的梅城镇、寿昌镇、乾潭镇、大同镇；桐庐县的分水镇、富春江镇、横村镇、江南镇；淳安县的汾口镇、威坪镇、临岐镇、姜家镇。通过对杭州市 27 个中心镇的调查发现，近几年来，杭州市各中心镇根据其区位条件、资源禀赋及经济社会发展基础，已初步形成了五种特色化的中心镇产业发展的典型模式。浙江省杭州市各中心镇的相关数据来源于笔者承担的浙江杭州市发展和改革委员会咨询课题《杭州市中心镇"十二五"规划研究》（2010）的调查研究。如下的表述中，涉及的中心镇名称一律用其首个英文字母代替。

### 一、特色农业型发展模式

如果中心镇具有自然资源禀赋条件，可围绕推进农业产业化，在镇区和周围发展农副产品加工业和运销服务业，完善农业产业化服务体系，拉长农业产业化链条，形成特色农业型发展模式。例如，F 镇（汾口镇）自 2010 年以来，投资 2300 万元，发展食用菌 200 万袋，高山蔬菜基地 200 000 ㎡；投资 1120 万元，建成工厂化日产蘑菇 3 吨项目；投资 1500 万元，建设杭州联谊茅屏养殖公司生态循环生猪规模养殖项目；投资 260 万元，扩建现有的千岛湖中华鳖养殖基地，同时建成生态农业休闲观光园区。同时，积极发展建设乡村旅游景点，按每年平均发展 2～4 家农家乐，并按县乡村旅游办的要求统一管理；投资 720 万元对现有农家乐和现有乡村旅游景点进行改造、提升，提高乡村旅游接待能力。

F 镇产业发展模式的特点有：一是依托农业资源，以工业化的理念推进农业产业化，积极推进高效生态农业的专业化生产、集约经营。二是提高农业的组织化、规模化、标准化水平，以现代农业的发展促进第二产业、第三产业升级[2]，实现城镇经济的快速发展。同属于特色农业型发展模式的中心镇还有富阳市的万市镇、淳安县的威平镇。

## 二、工业型发展模式

中心镇应结合自身已有产业基础，通过财政、金融、产业等政策积极培育主导产业，并引导企业向中心镇工业集聚区集中，走"工业园区—企业聚集—产业培育—中心镇成长"之路。并积极探索承接上位大城市、中等城市及小城市产业的长效机制，引进与自身比较优势相符合的工业企业，推动现有企业集群向现代产业集聚转变。如 X 镇（新登镇）自 2010 年以来，建设总面积 $11km^2$ 的富阳经济开发区新登新区，全力推进工业主导产业、重点支柱产业、成长型行业和规模企业向新区集聚，加快形成主导产业和产业群。X 镇通过积极引进和提升，形成以铜加工业、机械装备制造业、新型建材业等新型重化工业为主导，以高新技术为支撑，提升发展轻工纺织等传统优势产业，配套发展研发创新、中介服务等生产性服务业的工业经济格局，与目前优势较为明显的轻纺、玩具、皮革、塑料机械、建筑材料、水处理产业优势互补。

X 镇产业发展模式的特点有：一是依托现有工业发展条件，做大做强传统优势产业，加快产业结构调整，积极运用高新技术、先进适用技术，特别是信息技术改造提升传统优势产业。二是发挥区域特色优势，加快工业功能区的基础设施建设，提高功能区承载大产业大企业大项目的能力，积极推动功能区从企业集聚向现代产业集群演进。三是以提升技术含量和附加值为导向，发展先进制造业，培植具有技术先导示范作用的企业群。四是把握国家大力发展战略性新兴产业的历史机遇，依托现有产业基础，积极培育和发展新兴潜力产业。同属于工业型发展模式的中心镇还有萧山区的河上镇和临浦镇；余杭区的余杭镇和良渚镇；富阳市的大源镇和场口镇；临安市的高虹镇；桐庐县的分水镇。

## 三、商贸产业型发展模式

商贸产业型集聚发展模式的中心镇一般具有产业依托，有较大商流、物流且有小商品和农副产品集散传统[3]，拥有一定规模的综合市场及各类专业批发市场，可以培育和发展商贸业。例如，T 镇（塘栖镇）自 2010 年以来，投资 1.6 亿元，改造提升原木材市场和圣堂漾农贸市场为集购物、餐饮、休闲娱乐等多种功能于一体的商贸综合体；投资 200 万元，完善水北街风貌，打造一条 1km 以美食古玩等为核心的特色商业街；投资 8000 万元，打造以中广国贸大厦为核心的商务区；投资 1.2 亿元，加快唐家埭商贸物流园区建设，着力打造具有商贸物流、会议中心等多种功能的物流基地。

T 镇产业发展模式的特点有：一是依托镇域地理位置良好、交通便捷的地理环境优势突出，充分利用运输交通条件优势发展经济实体，建设商品集散地，强化经济发展空间，带动生产、消费，促进经济增长。二是以商贸服务业为中心，加快建立完善各种交

通设施和服务设施，形成集聚能力强的商贸网络体系，增强对周边乡镇的辐射力。三是完善中心镇市场服务功能，拓展专业市场，建设要素市场和配套产业，形成商贸产业的核心竞争力，带动镇域工农业的发展。同属于商贸流通型发展模式的中心镇还有余杭区的瓶窑镇；桐庐县的横村镇和江南镇；临安市的昌化镇和於潜镇；建德市的寿昌镇；淳安县的汾口镇。

## 四、旅游产业型发展模式

具有丰富自然风光、风景名胜、人文景观、文物古迹等旅游资源的中心镇，可以依托旅游资源，完善配套旅游设施[4]，积极打造与旅游业相关的休闲、娱乐、餐饮、购物等一体化的旅游产业链条，形成旅游产业型发展模式。如 L 镇（临岐镇）依山临湖、生态一流，旅游产业是 L 镇的最大优势，也是服务经济主攻的方向。L 镇挖掘资源特色，保护历史文化古迹，处理好生态保护与经济发展的关系，发展生态游，丰富和提升农家乐项目。自 2010 年以来，L 镇通过带动和辐射效应，整合发挥资源优势，投资 2000 万元在入城口建设 600 多平方米休闲农庄，达到三星级标准；投资 500 万元对现有农家乐进行改造提升，提高乡村旅游接待能力。

L 镇产业发展模式的特点有：一是立足镇域内的自然、人文或生态资源特色，注重旅游资源开发，适度开发或延伸旅游产业链，以旅游为龙头带动现代服务业发展。二是加强基础设施建设，大力发展生态休闲旅游，积极培育具有特色的旅游主导产品，以做大做强旅游业带动城镇整体发展。三是加快以文化娱乐、住宿餐饮、购物休闲、旅游信息服务、旅游中介、旅游交通为主的旅游服务发展和业态调整，打造多元化的旅游业态格局，促进旅游支柱产业的形成和发展。同属于旅游产业型发展模式的中心镇还有淳安县的姜家镇。

## 五、文化产业型发展模式

杭州市 27 个中心镇都曾经有丰富的传统民间文艺，把这些传统民间文艺挖掘出来，既可以丰富农民业余文化生活，又可以发展工艺美术业、家用电器业、文化用品业等文化产业。古镇文化产业的快速发展，带动了商业、餐饮业、住宿业、交通业、游览业等相关服务产业的发展。例如，S 镇充分整合舞龙文化、河南里文化园等旅游资源，加大文物和非物质文化遗产等方面的工作力度，深入挖掘 S 镇千年古城的文化底蕴，努力打造一个拥有独特自然景观和人文景观的魅力新城。

S 镇产业发展模式的特点有：一是明确区域文化资源优势和潜力，把历史文化风貌保护作为城镇发展的基础性工程，注重古城保护和挖掘各类文化资源特色，着力培育文化产业。二是依托镇域内的文化资源发挥民间资本充裕的优势，鼓励民营企业投资文化产业领域。三是大力发展养生养老、旅游休闲产业等相关产业，拓展与延伸文化产业链，创建文化知名品牌。同属于文化产业型发展模式的中心镇还有临安市的太湖源镇；建德市的梅城镇。

## 第二节 中心镇产业发展的共同路径

中心镇产业发展的必然遵循先内后外、先封闭后开放的空间经济运动规律，也是区域经济分析的基本思路。中心镇的产业发展模式与路径是中心镇一般性发展规律与区域性特有发展条件相结合的产物，产业特色发展是中心镇产业发展的基本起点，产业集聚发展是中心镇产业特色发展的区域表征，产业配套发展是中心镇空间经济运动规律的基本逻辑，产业联动发展是中心镇产业优化发展的过程状态。

### 一、产业特色发展：中心镇产业发展路径的基本起点

"特色"作为一种"比较优势"，是中心镇产业发展的"核心竞争力"，特色决定了中心镇产业能否持续发展，而特色产业发展首先是对主导产业的科学选择，如表 16-1 所示。中心镇主导产业的选择要与自身的地理位置、环境资源和市场条件相匹配，注意与其他产业的关联性；并注意根据市场的需求，调整或更新主导产业[5]。中心镇主导产业的选择可以对本镇已有一定规模的企业、项目和产品进行比较分析，从中选出一两个企业、项目或产品，通过财政、金融、产业等政策的支持将之培育成为本镇的产业龙头。并积极探索承接上位大城市、中等城市及小城市产业的长效机制，形成具有本镇特色的主导产业和专业产业集聚区，走"特色工业园区—特色企业聚集—特色产业培育—特色中心镇成长"的特色发展之路。

表 16-1 杭州市部分中心镇的特色产业及其产业集聚区域

| 中心镇 | 所属县市区 | 镇域特色产业 | 镇域产业集聚区域 |
| --- | --- | --- | --- |
| 瓜沥镇 | 萧山区 | 现代物流产业 | 环航坞山经济区 |
| 塘栖镇 | 余杭区 | 先进机械设备制造业 | 塘栖机械工业园 |
| 新登镇 | 富阳市 | 新型重化工业 | 富阳经济开发区新登新区 |
| 分水镇 | 桐庐县 | 制笔产业 | 中国制笔产业基地 |
| 乾潭镇 | 建德市 | 家纺五金产业 | 五金、城中和城东工业功能区 |
| 大同镇 | 建德市 | 碳酸钙产业 | 碳酸钙产业生产基地 |
| 高虹镇 | 临安市 | 节能电光源制造业 | 节能电光源制造产业基地 |
| 威坪镇 | 淳安县 | 生态休闲旅游产业 | 威坪工业功能区块 |

资料来源：各镇"十二五"规划（2010—2015 年）及三年（2010—2012 年）行动计划，经作者整理。

### 二、产业集聚发展：中心镇产业特色发展路径的区域表征

世界上最具产业竞争力的区域，大多以大型企业为龙头、以中小企业为配套网络的集群式发展，并随着龙头企业或主导产业的扩展而不断衍生出新的中小企业。因此，集聚也是中心镇产业升级和优化的途径。中心镇产业集聚区是其特色产业在一定区域的投射，换言之，产业集聚发展路径是中心镇产业特色发展路径的区域表征，如表 16-1 所

示。但是，目前多数中心镇走的是"全面引入"的产业发展之路，因而出现了产业布局零乱、竞争力较弱等问题，制约产业集聚发展。政府应按照产业集聚的原则，围绕主导产业，鼓励镇域范围内及周边乡镇的产业向中心镇规划的产业小区集中，适当合并相邻的产业园区。通过产业裂变、孵化、分立，促进中小企业衍生，并形成具有竞争力的产业集群和产业链。

### 三、产业配套发展：中心镇空间经济运动规律的基本逻辑

"特色"是中心镇产业发展的"核心竞争力"，但特色产业的选择遵循先内后外、先封闭后开放的空间经济运动规律。因此，基于区域优势的特色产业既具有区域性，又具有跨区域性，中心镇特色产业园的产业定位与转型升级，既要结合已有的产业基础发展与之配套的产业，更要接受大都市区域产业基地、工业区的产业辐射。换言之，中心镇特色优势产业必须在跨区域的比较与选择甚至全球范围内进行选择和确定。大型知名企业往往具有强大的品牌优势，中心镇势必主动对接都市转移或延伸出来的产业，并通过建立产业互动和配套机制，发展与上一级城市或区域的工业园区和大型企业（大企业或大基地）相配套的产业，最终形成既具本镇特色、又与区外产业相配套的新兴产业和配套产业链。以杭州市余杭区塘栖镇为例，塘栖镇抓住杭州都市加快转移第二产业、发展第三产业的机遇，自2010年以来，已完成工业和第三产业投入72.5亿元，积极发展与产业转型相迎合、与城镇功能相适应、与生活居住相配套的现代服务业，初步形成了以现代服务业、高新技术产业、观光休闲农业以及文化创意产业为一体的现代产业体系。

### 四、产业联动发展：中心镇产业优化发展的过程状态

中心镇在产业的形成和建设上均具有一定的规模和积累，并逐渐培养起了各自的特色和主导产业。但区域产业支撑是具有动态性的，中心镇支柱产业的起步来自于资源的可获性和资源的积累，随着中心镇的成长，需要对产业支撑进行持续的评估和监控。在规划指导下，有序组织开发建设，形成中心镇产业优化发展的良性互动机制。区域政府可按照劳动地域分工原则和宏观调控目标要求，推进中心镇特色产业在开放的系统中不断优化，最终形成更大区域范围内的、更为完整的、城乡产业联动发展产业和网络[6]。以杭州市建德市大同镇为例，建德市是全国碳酸钙特色产业基地，大同镇是建德市碳酸钙资源大镇。2005年以来，大同镇已累计投入基础设施配套资金6912万元，打造以碳酸钙特色产业及系列产品为主导的特色工业基地，形成了以碳酸钙特色产品为主线，集研发、产品检测、信息服务、商务服务为一体的生产服务体系，以及集采购、装载、运输、仓储、配送为一体的碳酸钙特色专业市场。大同镇依托工业功能区和专业市场，促进工贸联动发展，实现市场建设与制造业发展的相互促进，拓展和提升城镇规模和功能。

## 第三节  研究小结与对策建议

中心镇是新型城镇化和网络化城市体系的有机组成部分，在缩小城乡差距推进城乡

一体化中发挥重要的战略性节点作用。通过对浙江省杭州市 27 个中心镇的调查研究发现，浙江省杭州市的27 个中心镇在城乡一体化进程中初步形成特色农业型、工业型、商贸产业型、旅游产业型和文化产业型等五种产业发展模式。研究发现，中心镇的产业发展模式与路径是中心镇一般性发展规律与区域性特有发展条件相结合的产物，产业特色发展、集聚发展、配套发展和产业联动发展是中心镇产业发展可供选择的基本路径。

对浙江省杭州市27 个中心镇的产业发展模式与路径的调查研究表明：第一，中心镇的产业发展模式与路径是建立在区域经济社会发展基础之上的，是中心镇一般性发展规律与区域性特有发展条件相结合的产物。基于此才呈现出各具特色的中心镇产业发展模式，但这绝不意味着中心镇的产业发展模式只限于上述几类，实践中的中心镇产业发展模式往往是几种发展路径的结合。第二，与中心镇产业发展模式与路径关系最为紧密的就是区域的产业经济基础，不同的区域经济特点、不同的产业成长阶段以及不同的区域发展目标[7]，总是与不同的中心镇产业发展模式与路径密切相关的。只要因地制宜、凸现特色、勇于开拓，才有可能为中心镇建设夯实产业基础。第三，中心镇产业模式与路径的形成需要依循自身已具备的客观条件，但中心镇的产业发展模式与路径则是可以选择的。鉴于中心镇产业发展受主观和客观双重因素制约，中心镇产业发展模式与路径的选择，应该是基于区域发展战略和中心镇的客观实际而做出的理性决策。

研究表明，目前既要总结推广中心镇产业发展中的典型做法与经验，又要认真研究解决中心镇产业发展中的新情况、新问题。浙江省杭州市27 个中心镇的产业发展模式与路径的实践证明，当前中心镇产业发展中还应处理好五个方面的问题：

第一，正确处理中心镇产业发展、城镇建设与土地利用之间的关系。完善的城镇基础设施是中心镇功能发挥的前提，也是产业向中心镇聚集的根本保证[8]，城镇建设品位直接关系到产业发展的发展速度。因此，势必加强与中心镇产业发展相配套的环保、绿化、道路、给排水、信息网络等基础设施和公共设施的建设，加快与中心镇产业发展相配套的教育、文化、卫生、体育、广播电视、社会福利和就业保障等社会公共设施的建设，尤其是要提高中心镇的交通配套水平。其中的关键是做好土地的分类管理和使用，确保农民进镇落户原有宅基地的回收。同时，利用税收工商、财政金融、人口迁移等综合配套的办法，引导土地的科学集约利用。

第二，正确处理中心镇产业发展与生态建设之间的关系。随着中心镇交通、通信条件的改善，中心镇将成为投资热点，但实现经济效益和生态效益双赢的关键是：制定好的产业导向政策和落后产业淘汰计划，建立中心镇企业环保和能源消耗的警示与公示机制，防止大城市落后技术和污染项目向中心镇扩散。同时，通过合理的规划，引进一些有质量和有效益的项目，促进产业群落向生态化发展转变；通过政策支持，对专业性强的产业集群配置"静脉工厂"，使得各产业基地、工业园区的废弃物最大限度的就地回收利用，既可以整合各企业的优势，又可以增进产业与环境的和谐度，促进循环经济的发展。

第三，正确处理中心镇产业发展进程中的工农之间、城乡之间的关系。国际经验表明，凡是城镇化水平高的国家，农业也相应地较为发达。农业部门生产率的提高是城镇化得以顺利推行的基础，在推进新型城镇化的同时，不能忽视农业和农村经济的发展。

但只有农业规模化生产，才能既使农业增产增效，又能使大量农业劳动力从农田中摆脱出来，进入第二产业、第三产业[9]。在工业化和城镇化的过程中，会面临着越来越多节约劳动力的先进工业技术。因此，在中心镇产业发展进程中，需要培育新的劳动岗位以容纳农村劳动力，为失去土地的农民提供就业机会。

第四，正确处理中心镇产业发展进程中的制度创新问题。面对越来越激烈的市场竞争，中心镇工业可行的发展路径是实行科技创新和组织运行机制的创新，组建起科技含量高、规模大、竞争力强的企业集团，提高城镇核心竞争力。其中的关键是：完善中心镇企业技术创新环境，完善财政、税收等激励机制，促进企业对产品研发和生产工艺的创新和升级。制度创新是一个利益调整过程，这种利益调整过程是艰难且又复杂的过程[10]。因此，中心镇制度创新的顺利实施，需要在政府主导下各个利益主体的积极配合。

第五，正确对待中心镇产业发展进程中的社会问题。在中心镇新的规划中，需要依靠政府的力量取消一些粗放经营——集约程度差、缺乏核心竞争力的企业组成的工业园区。但同时，会因为农民转移产生许多社会问题。这些社会化问题仍然需要政府通过政策来协调利益[11]，缓解中心镇产业化发展过程中和保障其经济效益的可行对策是，构建完善的农用地流转、宅基地置换、社会保障和就业等制度体系。

## 注释

[1] 郑文哲. 中心镇：城乡一体化的战略节点[N]. 光明日报，2012 年 7 月 4 日

[2] 周玉新. 低碳经济时代转变农业经济发展方式探析[J]. 农业经济，2010，（4）：3

[3] 章政. 上海市郊区小城镇产业发展模式研究[J]. 农业经济问题，2005，（9）：41

[4] 金逸民，乔忠. 关于小城镇产业发展问题的思考[J]. 中国人口·资源与环境，2004，（1）：63

[5] 许明. 小城镇主导产业发展战略研究.市场周刊（理论研究）[J]，2008，（3）：111-112

[6] 李杰义. 农业产业链的城乡间延伸的机理及政策建议[J]. 中州学刊，2009，（4）：68

[7] 罗淳，武友德. 小城镇大作为[M]. 光明日报出版社，2009：34-38

[8] 甘敏. 成都平原中心镇建设研究[D]. 成都：四川大学硕士学位论文，2007：47-50

[9] 杜宁，赵民. 发达地区乡镇产业集群与小城镇互动发展研究[J] .国际城市规划，2011，（2）：28

[10] 李仁彬. 以区域中心镇为重点着力推进我市城乡一体化[J]. 中共成都市委党校学报，2004，（5）：47-48

[11] 杨振宁. 城乡统筹发展与城镇化关系的实证研究——基于安徽省的数据[J]. 农业经济问题，2008，（5）：49-54

# 第十七章 城乡一体化背景下的城市治理结构

中国城市正处于由初级化向高级化转变、由一般性向特殊性转向、由战术性向战略性转型的关键时期。笔者认为，为加速这个转变，除了需要研究城市自身合理的规模结构和城市发展的本质问题外，更需要把城镇化与新农村建设作为一个整体，探讨如何构筑一个全方位的经济社会环境支持系统。本章试图将可持续发展理论和新公共管理理论整合成新的模型，对城市治理过程以及在这种城市治理模式中，如何发挥政府赋予的能力加以分析。

## 第一节 城市管理中的政府失灵

### 一、我国城市管理中的政府失灵现象

管不了，即政府管理跟不上时代的变迁（中国城市现代化和改革开放、经济全球化和政治民主化），该管的没有管。官僚制政府职能转变与城市不断提速，城市品位要求的提高，经营城市范围的扩大，构成了尖锐的矛盾。

管不好，即城市管理有效果却无效率，造成公共资源的稀缺、政府财政的困顿和资源的浪费、管理成本高昂。许多城市在计划体制所形成部门分割，造成管理多头、信息分割。

管错了，即不该由政府管的，政府管了。管理职能过大，权限畸形膨胀，政企、政事不分；职能重叠，部门利益造成九龙治水。

我国现有城市管理实践的局限性根源于城市思维存在两个局限性：一是将发展理解为主要是经济增长和物质性扩张；二是将管理理解为政府单一的行政性行为。将可持续发展理论和新公共管理理论整合成的新城市发展思想，试图将城市发展理解为可持续发展，把城市管理理解为多元主体共同参与的城市治理过程，建立起整体性和源头性的城市可持续发展模式。

### 二、建立多元化的城市治理结构

可持续发展的观点，要求引进第三部门等新的组织要素，建立由政府、企业、社会组成的多元化的城市治理结构，要求综合运用国家机制与政府组织、市场机制与营利组织、社会机构与公共组织三套工具。在多元主体的管理模式中，政府是城市管理的组织者和指挥者，其基本职能是对城市公共事物进行管理，并在治理结构中起主导作用；营利性企业和非政府组织、社会中介（后两者称为第三政府）中，营利组织越来越多地配合政府提供公共物品和服务，第三政府一方面提供专业服务，另一方面是联系公共、企

业与政府的纽带，并在一定程度上成为公众参与决策的组织者和代表；公众是主体中的基础细胞，公众参与使城市管理的机制从被动外推转化为内在参与。

## 第二节　城市治理结构中的分工协同

### 一、由公共组织来直接提供基础性的公共物品

这些公共物品包括：提供经济基础，直接和间接提供公共商品，经济上保护弱者抑制强者，维护竞争，保护自然资源，减少贫苦和保持经济稳定。

要针对不同的城市物品（分为四类）采取不同的宏观调控思路：（1）大多数私人物品的供给。政府的责任在于提供一个良好的交易环境（包括交易制度、交易管理）。（2）自然垄断物品的供给。要从传统的政府直接供给转变为政府建立一个有严厉的政府监督体制的市场供给体制：政府对产品的价格、数量、质量严格要求，企业在这些要求下负责供给。（3）公共资源和纯粹公共物品的供给。传统观点这些物品必须由政府直接供给；但这并不意味着由政府直接建造和经营，完全可以通过市场对具体的建造者和经营者进行委托。城市政府应做好决策、监督、协调、指导等工作，把公共物品的许多具体生产职能让渡给企业和半行政的机构。

### 二、由民营部门来间接提供一些公共物品

凡是可以实现市场化经营的（竞争性的）城市基础设施推向市场，形成多元化的投资体制和企业化的运营方式。政府应担当规则的制定者和监督者，处理直接和间接的关系。对于要依靠城市财政扶植的城市公共设施和服务项目，行政管理是政府的职能，具体的管理和作业应推向市场，处理好管理和运作的关系。（1）签订合同。适应于具有规模经济效益的基础设施和公共服务业，如交通、电话、规模设计等。（2）授权经营或部分合作。授权经营如自来水、供电；部分合作如合作办电视节目、拍片、出书。（3）经济资助。对城市政治住宅建设、博物馆、图书馆、教育、卫生、科技等领域政府对民营部门提供公共物品时采取包括补贴、津贴、优惠贷款、减免税收等多种经济资助以作援助。

### 三、由社区和受益者来参与提供小规模公共物品

例如，在城市社区中，铺路、建绿等就是提供小规模享用的公共物品。

## 第三节　完善城市治理结构的三个关键

### 一、政府职能从生产性向调控性转变

政府职能从生产性向调控性转变，是可持续发展导向的城市管理模式的核心。它要

求：政府管理能力从全部公共事务向公共事务中的基础部分转变；政府管理职能从公共产品的直接提供者（划桨的政府）向公共管理的协调者（掌舵的政府）转变。政府应从具体的微观领域退出，引入市场机制，鼓励更多的参与者。

城市治理结构和建立的根本问题是收缩政府直接管理和范围，提高城市管理的宏观调控能力。（1）收缩直接管理范围。一方面城市管理中市场机制的引入，公共物品和服务的竞争方案，政企分开得到了重；另一方面，目前对"政事分离"，服务提供多元化主体不够重视。政府职能要强化社会公共服务职能，如城市发展的总体规划、产业政策的制定、基础性公共物品的供给、社保体系的建立、对市场体制消极因素的抑制、加强政风政纪建设和提高商人的素质。（2）提高宏观管理能力。要在引入私营部门管理方法提高效率的同时，把公共部门的利益性融入其中，实现效率和公共的协调。把管理手段改进作为一个重要课题进行研究。退出直接管理的微观领域，发挥好监督的作用。同时把弱化了的职能交由社会中介来完成，也即将缺位、错位转化为正位。

## 二、培育参与城市治理的多元化主体

从社区基层组织看，在中国主要是街道委员会和居民委员会。街道委员会是区政府的派出机构，它不是真正意义上的社区组织。这样，居民委员会成了中国特色的社区，但是居委会成立的过程十分粗糙，居民不重视，居委会工作人员素质低。因此，需要挖掘其功能，改革选举程序，充实高素质人才，提高对居委会的认识。

在行业性中介组织方面，现实情况是许多社团和协会实质上是政府的派出体或与政府藕断丝连，工作人员享受公务员待遇，财政上也和政府连在一起，难以发挥其社会和政府间的中介作用。因此，需要培养真正具有独立功能的中介组织。

营利性组织参与城市管理，主要体现在公共物品和服务的供给上。为此，首先应该加快推进国有公用事业企业的改革和转制；其次，在具备条件的行业塑造多元竞争主体，允许私人部门参与竞争；再次，针对城市中出租车、液化气等行业竞争主体多且滥的供给模式，政府应引导竞争主体走向集团化、规模化的经营之路。

公众参与城市管理，关键在于培养一个信息流。首先，要培养公民参与管理的意识；其次，要有信息流动的渠道，如通过媒体、上网、听证会、电话、信件等形式收集公众的意见；最后，要有信息反馈机制，让公众知道政府是否采纳了他们的意见？为什么没采纳？

公共事业组织主要指由政府组织改制而来，包括教育科研机构，有人称之为准政府组织的中介组织。

## 三、加强政府进行宏观调控的能力建设

加强政府进行宏观调控的能力建设，可以主要从如下几个方面入手：（1）赋予社会主体参与城市管理的能力。赋予能力就是政府通过采取鼓励性措施，激发城市发展中主体的积极性，使之结成伙伴关系共同为推进可持续发展而管理。要以法律的形式确定包括政府在内的各主体参与管理的地位，并通过把政府改革的措施上升为一定层次的法律、规章，减少行政改革的不稳定性。（2）引进私营部门的管理方法。在政府内部引进私营部

门的管理方法，这些方法包括绩效管理、目标管理、人力资源管理等。（3）运用市场竞争机制。在运用市场竞争机制，尤其是允许私营部门参与竞争的公共物品和服务的供给上，保障公平竞争的环境。既要在招标、承发包等环节上防止徇私和腐败现象，也要对私营部门的操作进行监督，保证公共物品、服务的供给数量和质量，不仅要在程序上有所规定，而且要在违约责任上做出相应的法律规定。用法律保证公共责任，防止以效率代替公平，以营利代替福利。（4）优化城市治理的法治环境。在城市行政管理内部强调依法行政，对权力进行监督和约束，防止权力的滥用和错用。

# 第十八章　城市社会管理的政府主导与公民参与的互动机制

城市社会管理最终目标是满足城市人们的基本要求和提高城市人们的生活质量。政府是城市社会管理的组织者和指挥者；城市各种社会力量（包括公民）依据一定的规章制度和道德约束，参与城市社会管理。城市社会管理是一项复杂的系统工程，城市社会管理集成化包括城市政府的组织集成与技术集成。当公民参与的内生需求与政府主导的制度供给相匹配，则会对互动过程产生正向反馈作用，从而提高城市社会管理的绩效。

## 第一节　城市社会管理的理念与目标

城市社会领域区别于城市经济、政治领域的关键之处，在于它是一个以人和人的关系为中心，由人们自主结合成的复杂的城市关系领域。因此，城市社会管理的一般目标，是为了解决城市社会问题，维护城市社会公共秩序。人们对于私域部门实行顾客满意战略往往有了充分的理解，在 2000 版的 ISO9000 体系中，质量管理 8 项原则的第一条就是"以顾客为关注焦点"。可见，"顾客满意"的思想已经贯穿于 2000 版的 ISO9000 的整个体系，体现在质量管理的全过程。根据新公共管理理论，"城市人民"是城市社会管理部门的"顾客"。新公共管理理论视角下的城市社会管理的受益者是人民，城市社会管理中的公众（公民）满意战略是指在体验城市社会管理工作的过程中，人民的需求得到满足，人民的期望与实际感受相一致，从而使人民产生肯定、愉悦、满足的积极心态。城市社会管理最终目标是满足人们（空间和时间上的所有人）的基本要求和提高人们的生活质量。

城市社会管理模式认为，对经济增长和城市综合实力的关注是必要的，但它需要服务于以人为本的城市可居住性和可持续性。这种可持续发展观的根本目标和价值取向，既不是传统的以掠夺自然、征服自然为特征的极端人类主义，也不是将人类利益等同于草木禽兽的极端自然主义。这种人本观，强调要以整个人类的利益为本而不是局部意义上的以人为本。因此，它内在要求富人必须抑制过度消费的生活方式以给穷人提供充分的生存发展空间（所谓代内公平），当代人必须有节制地处理发展问题以便后代人保持进一步的发展潜力（代际公平）。现代城市社会管理既强调维护社会的整体性，又强调尊重并扩展社会成员的自主性，追求经济、社会、环境的整合和协调发展，不是其中某个单系统的发展，而且因为经济、社会、环境三者是相互冲突的，故可持续发展不是理想化地要求三个方面同时追求最优，而是追求在一定背景条件下有一定匹配关系的整体最优。

## 第二节　城市社会管理的参与主体

社会管理的特质决定了社会管理的主体具有多元性，现代城市社会管理目标要求引进第三部门等新的组织要素，建立由政府、企业、社会组成的多元化的城市社会治理结构，要求综合运用国家机制与政府组织、市场机制与营利组织、社会机构与公共组织三套工具。在多元主体的城市社会管理模式中，政府是城市社会管理的组织者和指挥者；城市各种社会力量（如自治组织、社会组织和公民）依据一定的规章制度和道德约束，规范和制约自身行为，即社会自治管理和社会自我协调。

### 一、城市社会管理中的政府主导

在多元主体的城市社会管理模式中，政府是城市社会管理的组织者和指挥者，其基本职能是对有关社会关系和社会事务进行规范和制约，城市政府是城市社会管理的最终责任主体，在关键的社会管理事务上发挥主导性作用。城市社会管理有两层含义：一是城市政府对社会的管理，二是城市社会的自我管理。之所以要专门强调城市社会管理中的社会自主性，是因为当前政府对城市社会组织的干预仍然过多，过多的干预就可能出现政府失灵现象。

要改变城市政府失灵问题，就需要城市政府逐步还权于城市社会，而更多履行公正的裁判者职能，有效地规范监督评估城市社会组织的发展与成长。城市政府在社会管理事务上的主导性作用主要表现在：第一，对公民、社会组织与社会自治所不能解决的城市社会事务的管理，这些社会事务涉及社会整体的公共利益，需要依靠政府资源和权威加以解决；第二，维护城市社会公平与稳定，具体包括保障公民权利、维护社会秩序、协调社会利益、实施社会政策、培育并规范社会组织、提供社会安全网、解决社会危机等；第三，制定城市社会政策，社会政策是城市政府管理社会的主要方式和基本措施。赋予能力就是政府通过采取鼓励性措施，激发城市发展中主体的积极性，使之结成伙伴关系共同为推进城市发展而管理。要以法律的形式确定包括城市政府在内的各主体参与管理的地位，并通过把政府改革的措施上升为一定层次的法律、规章，减少行政改革的不稳定性。在城市行政管理内部强调依法行政，对权力进行监督和约束，防止权力的滥用和错用。

### 二、城市社会管理中的公民参与

新公共管理理论认为，政府的职能是掌舵而不是划桨。城市社会管理体制变革的基本路径是从政府本位走向社会本位。因此，城市政府应广泛采取授权或分权的方式进行管理，如建立公益性的非政府机构，加强公民参与城市社会管理，特别是加强公众参与制度的建立。公民是城市社会管理主体中的基础细胞，公民参与使城市社会管理的机制从被动外推转化为内在参与。公众参与城市社会管理，关键在于培养一个信息流。首先，要培养公民参与社会管理的意识；其次，要有信息流动的渠道，如通过媒体、上网、听证会、电话、信件等形式收集公众的意见；最后，要有信息反馈机制，让公众知道城市政府是否采纳了他们的意见？为什么没采纳？

在多元主体的城市社会管理模式中，第三政府（如非政府组织、社会中介）一方面提供专业服务，另一方面是联系公共、企业与政府的纽带，并在一定程度上成为公众参与决策的组织者和代表。

从社区基层组织现状看，在中国主要是街道委员会和居民委员会。街道委员会是区政府的派出机构，所以它不是真正意义上的社区组织。这样，居民委员会成了中国特色的社区，但是居委会成立的过程十分粗糙，居民不重视，居委会工作人员素质低。因此，需要挖掘其功能，改革选举程序，充实高素质人才，提高对居委会的认识。

在行业性中介组织方面，现实情况是许多社团和协会实质上是政府的派出体或与政府藕断丝连，工作人员享受公务员待遇，财政上也和政府连在一起，难以发挥其社会公众和城市政府间的中介作用。因此，需要培养真正独立功能的中介组织和公共事业组织。

公共事业组织主要指由政府组织改制而来，包括教育科研机构，有人称之为准政府组织的中介组织。

## 第三节　基于政府主导的城市社会管理集成

分工和集成是管理活动的基本内容，系统集成的管理特征是"局部分工，整体集成"，它追求整体效率和服务质量的提高。城市政府是城市社会管理的最终责任主体，在关键的社会管理事务上发挥主导性作用。但城市社会管理是一项复杂的系统工程，而集成化对于解决复杂系统工程问题，获得综合社会效益提供了现实可行的途径。因此，城市社会管理集成化是城市社会管理的发展趋势之一。基于政府主导的城市社会管理集成化要求城市政府进行组织集成和技术集成。

### 一、城市政府的组织集成：建构面向对象的组织结构

田毅鹏教授（2001年）认为，从长时段的视角俯瞰世界城市化的进程，我们会发现当代城市发展值得注意的一个总体性演进趋向——都市过密化。都市过密化表现为越来越多的人开始集聚到大城市当中。例如，1990年时上海全市常住人口为1334万人，到2009年末则升至1921万人。过密都市在以其超强的经济、文化辐射力带动经济社会发展的同时，也带来严重的社会风险，给城市社会管理者提出了严峻的挑战。如果我们还固步自封地沿用传统计划时期的掌控手段去管理这些特大城市，将可能带来更大的社会风险。

传统的城市政府是在"分而治之"的指导思想下完成的，呈现出典型的"树形分支结构"。在这种组织结构中，一个部门或一个组织单元管理一类任务、处理一类问题，是"一一对应"的"面向问题"的管理。随着社会管理对象复杂程度的提高，传统的城市政府组织机构在划分管理对象、管理任务时出现了"管理重叠"和"管理真空"，形成了较多事务上的谁都管、谁都不管、谁都管不了的混乱局面。从而影响城市政府对公众服务的质量和公众的满意度。因此，城市政府的组织结构变革就在于实现城市政府管理部门

的集成，构建网络式的城市政府组织结构，以实现"面对对象"的管理。城市政府组织的集成是原有的组织结构中的工作人员或组织单元通过高效的联系跨越既有的组织界限，灵活组建新的面向不同对象的网络组织单元，以实施面向对象的社会管理和服务，更好地面向公众、更好地服务于以人为本的城市社会管理目标。

## 二、城市政府的技术集成：建构集成化的电子政府

技术集成包括软件、硬件技术、网络和光纤通信技术等，在国家信息基础设施和地方行政办公网的基础上建立城市管理信息系统，以实现高效传递、信息共享、组织协调。面向公众满意的城市社会管理的技术集成要求构筑集成化的电子政府，改革以机构为中心的电子政府，构筑以公众为中心集成化的城市电子政府。笔者认为，以机构为中心的电子政府在一定程度上，助长了官僚主义作风；而以公众为中心集成化的城市电子政府能从技术集成化的层面"端正对群众的态度，增进对群众的感情"。

所谓集成化的城市电子政府，就是从城市公众的需求角度出发，在因特网上建设一个以功能驱动的对外统一发布政务等信息和提供网上业务办理的门户网站，从而为城市公众展现一个单一的政府门户。单一门户意味着一站式服务（"one-stop-shopping"），具有特定图标的 Web 页面不仅使公众确信他们正在使用的是一个值得信赖的、由政府发起的 Web 站点，而且公众只需要访问一个单一的 Web 站点就可实现同有关政府间的互动。且以功能驱动意味着易于使用，所有的信息和服务按照一定的方式进行有机地组织，使有关的城市政府机构之间聚集、共享信息和服务传递系统。它把传统的展现在城市公众面前的众多政府机构从前端隐退到后端，有关的政府机构通过电子化协作形成强有力的后台支撑，城市公众进入城市政府门户之中只需知道所需要的信息和服务，而无须关心需要从哪个或哪些政府机构来获取所需的信息和服务。

总之，城市社会管理要求组织和技术在更广范围、更深层次上进一步集成，融合沟通、协调一致、共享资源，从而达到整体最优，使整个城市系统高效快捷地服务于城市公众。

# 第四节　城市社会管理的政府主导与公民参与的协调互动机制

姚迈新（2001年）认为，协同治理是现代社会管理的核心思想，协同治理强调多元主体间的合作共治，是政府部门与公民等众多公共行政主体，通过合作、协商、伙伴关系等互动过程，使冲突和多元利益得到相互调试，实现对社会公共事务进行有效治理的过程。笔者认为，根据城市社会管理的政府主导与公民参与互动的作用机理，可以将其二者互动发展区分为协调与不协调两种状态：当政府主导与公民参与水平基本适应时，则体现为协调互动；当政府主导与公民参与水平不相适应时，则互动作用呈现为不协调互动。当公民参与的内生需求与政府主导的制度供给相匹配，则会对互动过程产生正向反馈作用，从而提高城市社会协同管理的绩效；当公民参与的内生需求与政府主导的制度供给不相匹配，则会产生负向反馈作用，从而阻碍城市社会协同管理的推进与合理演化。

面对城市社会管理的现状，要实现协同治理，需要政府担负起制度设计、网络建构、资本培育、主体创设的治理责任，否则协同治理只能够永远停留在理想或空谈的层面。城市政府需要从主体结构优化、社会网络建构、规则制度制订等方面入手。首先，在组织机构上进行有效设置，打造政府与社会间沟通联系的平台，使两者能够相互衔接、充分互动；其次，在制度设计上做出有效安排，通过重大事项调查研究和集体决策制度、重大政策专家咨询制度、公示制度、公开征求意见制度、社会风险评估机制等制度安排，让社会了解与知道政府的政策意图与真实的管理信息，同时也让城市政府把握来自社会的真实需求与反馈信息，掌握社会运行的规律与社会管理的关键环节，优化公共政策过程，增强政策过程的开放性、回应性，对社会问题和矛盾做出恰当而正确的回应，以此探索并不断完善城市社会管理的协同治理模式，切实提高城市社会管理水平。

# 第十九章　"互联网+"背景下城市管理创新实践

　　国家统计局数据显示，2014 年我国城市化率为 54.8%，但与西方发达国家的城市化率（70%～80%）相比，仍然有较大的发展空间。因此，快速城市化必将成为我国今后很长一段时期的城市发展的突出特征，城市管理创新是新型城镇化的重要内容。。然而，伴随着城市化进程的快速推进，城市结构日益复杂化，中心城区的"城市病"问题日益突出，城市管理现状与公民期望相差较大，这一系列城市问题的存在，使得我国政府及社会高度重视城市管理问题。如何突破城市化进程中的瓶颈问题以提高城市管理绩效，也成为我国城市管理模式转型的关键问题和相关研究主线之一。

　　近年来，"大数据""云计算""物联网"等新一代信息技术不断发展，成为解决城市管理问题的技术前提。如何利用新一代信息技术推进城市管理更加精细化、市民生活更加便利，成为"互联网+"背景下城市管理面临的重要课题。"互联网+城市管理"就是在"互联网+"背景下解决城市管理问题的一种新思路，即运用"大数据""云计算""物联网"等新技术、互联网新思维和创新 2.0 理念，实现人与物联网、数据与思想的联网，实现资源的高度共享、快速分析与精准管理，从而更好地服务于以人为本的可持续的城市管理目标。

## 第一节　浙江省宁波市城市管理的创新实践

　　"互联网+"是对现代信息技术应用的概括与提炼，"互联网+"时代改变了人们的思维模式，使无结构、半结构的巨量数据能得到快速的处理与跨界融合。创新 2.0 是一种适应知识社会的，以用户为中心、以创新创业实践为平台，以大众创新、协同创新、开放式创新为特点的用户参与的创新模式，创新 2.0 将传统城市重塑为一个开放的创新空间[1]。随着网络互动技术的迅速发展与网民数量的逐年增长，城市管理的环境将不再拘泥于现实的公共空间，还包括了网上的虚拟空间和开放的创新空间。"互联网+"新一代信息技术的高速发展促成了城市管理工具的升级，给城市管理提供了新机遇。浙江省宁波市 2013 年的城市化率为 70%，城市发展也因此进入了功能开发新阶段，因互联网技术的迅速发展，宁波市进行了一系列城市管理创新。现代信息技术与互联网思维的频繁互动与发展，为城市管理模式的创新实践提供了新契机。本书通过对"互联网+"背景下宁波市城市管理的实践分析，呈现了其导入的"互联网+"技术与互联网思维，稳步推进城市管理创新的基本路径与实践经验。

### 一、互联网+公共政务：政务云的实践

　　2010 年以来，宁波市一直将建设电子政务作为提高政府服务水平、提升政府工作效

率的重要手段。面对"大数据""云计算"等新科技浪潮，宁波市积极推进宁波电子政务云计算支撑平台、宁波数据整合共享服务平台和宁波通用应用软件平台等建设。引入"大数据""云计算"等技术有利于对高速增长的数据量进行实时高效的分析与解读，对缓解"城市疾病"、规避城市运作的风险，具有不可替代的重要作用。宁波市政务云的运营与实施是城市管理由碎片化、分散化、封闭化的管治向开放透明、协作参与的治理模式转变，有效地促成了相关政务数据的统一归集，实现了政府对复杂政务数据的科学分析，为城市政府的科学决策提供了充分有效的实证数据支持。

## 二、互联网+公共设施：物联网的实践

2014年，宁波启动了城市公共物联网建设，物联网基础平台将由城市政府统一建设，启动了智慧电梯监控、城市消防栓监管等城市公共设施管理物联网项目。发挥物联网技术在信息获取、加工、处理及传输上具有的及时性与精确性特点，借由传感节点与城市基础设施紧密结合，最终实现物与物、物与人的泛在连接的系统化、生态化的城市管理神经网络，具有信息获取、加工、处理及传输及时性与精确性特点。宁波市通过物联网建设、布局与应用，使得城市政府能实时便捷地感知地域广、环境复杂的城市管理环境、状态、位置等信息，对于推进智慧感知的城市管理和公共服务创新具有重要意义。

## 三、互联网+医疗服务：云医院的实践

互联网和大数据的高速发展，为重塑医疗服务与管理的流程提供了必要条件，为医疗服务业的转型升级提供了技术保障。2015年3月，宁波市卫生局与东软熙康共同打造的中国首家基于"云计算""互联网""物联网""大数据"等新技术的城市云医院平台（即"宁波云医院"），正式启动运营，开创了"互联网+医疗""云+端"、O2O的医疗服务模式。"宁波云医院"模式通过将医疗资料资源和各种现代化信息技术工具的无缝衔接，探索在线诊断、互联网延伸医嘱、电子处方等网络医疗服务的应用，突破定价、医保等的地域政策限制，优化了传统的诊疗模式，简化了患者的就医程序，提升了患者的就医体验，有效地解决了医疗信息不透明和医疗资源分配不均等问题。

## 四、互联网+教育服务：智慧教育的实践

新的人机交互模式、云计算等技术优势，带来的不单单是教育技术的变革，更是教育方式、学习过程、学习体验的重构。2011年以来，宁波市积极运用"大数据""云计算"等新一代信息技术，相继推出与建设了"空中课堂"项目、智慧教育学习平台与智慧教育平台。同时，通过采购、自建和整合等方式，不断丰富各种优质教育资源、实现教育资源终端化。宁波市通过智慧教育的实践，让教育资源实现了重新配置与整合，让跨越由于地域、时间和师资力量的限制而形成的传统教育鸿沟成为可能，从而初步形成了一个跨时空、跨学科的开放创新的教育模式。

## 五、互联网+交通服务：智慧交通的实践

2013年以来，宁波市利用"物联网""云计算""人工智能""自动控制""移动互联

网"等技术，积极建设宁波智慧交通云平台、宁波智慧交通交警业务支撑平台、宁波交通业务支撑平台、宁波公共服务平台，并从数据采集、共享、交通信息汇聚、业务管控、公众服务等各个层面，整体提升交通系统的运行效率和管理水平。从实施效果看，宁波市"互联网+交通服务"的实践，实现了"云计算""大数据""物联网"等新一代信息技术与交通资源的高效融合，使政府管理部门在线上就能实现对交通资源的宏观有效配置，指导线下交通的高效优质运行，有效地提升了交通管理及其科学决策的精细化管理水平。

## 第二节 "互联网+"背景下城市管理创新的实践模式

城市是一个整体，城市的各个管理部门应该在统一的管理模式和数据标准下协同工作，但现有的管理模式和数据共享服务体系难以满足城市信息广泛共享的需求。"互联网+城市管理"就是在"互联网+"背景下，通过新型信息科技的利用和互联网思维的实践，实现城市资源的高度共享、快速分析、精准管理、以人为本的城市管理创新模式。通过对浙江省宁波市城市管理的创新实践分析，归纳了"互联网+"背景下城市管理创新的实践模式，该模式实践体现了以民为本、注重现代信息技术的有效应用、互联网与创新思维的高效集成等特征。浙江省宁波市新一代信息技术发展，积极有效地推进城市管理创新，其经验值得总结和推广。

### 一、城市管理创新的总体思路

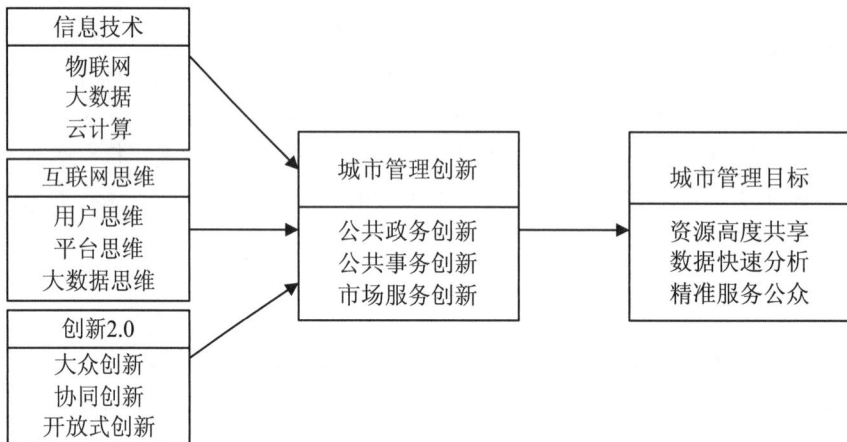

图 19-1 宁波市城市管理创新实践的总体思路

传统城市政府是在"分而治之"的组织构架下运行的，是"一一对应"的"面向问题"的管理模式；现代城市管理把服务于以人为本的城市可居住性和可持续发展作为管理的出发点与目标，是基于管理集成的"面向对象"的管理模式。技术创新与以人为本二者不应相互排斥，二者理应相辅相成，互联网技术应该成为"城市，让生活更美好"的技术支撑。浙江省宁波市在突破传统城市管理的路径依赖问题上，采取的核心思想是应新一代信息技术发展，运用互联网思维与创新 2.0 理念，以城市可居住性和可持续发展为中心环节，通过公共政务、公共事务和市场服务的创新，进而达成资源高度共享、数据快速分析、服务管理精准、以人为本的城市管理目标。其创新思路如图 19-1 所示。

## 二、创新实践的基本特征

1. 坚持以公众满意为导向的管理理念。新一代信息技术的快速发展，为城市管理增添了更多的人机互动的过程，为人们带来了前所未有的智能化的体验，为人们的生活带来极大的便利。城市管理的根本目的是"以人为本，服务于人"，公众满意是推进城市管理创新的出发点与归宿。信息技术的生命在于应用，城市管理智慧化与打造服务型政府是一脉相承的，其核心都是服务于城市公众。"互联网""大数据""物联网""云计算"等现代信息技术，是解决公众看病难、上学难、出行难等城市管理问题，落实以人为本的技术基础。因此，城市管理应当以政府为主导，将政务管理与民生服务相结合[2]，充分考虑城市公众需求，提升政务管理水平和政府管理效率，让信息时代赋予的"技术红利"惠及全体城市公众。

2. 注重现代信息技术的有效应用。"互联网+"是对新一代信息技术与互联网思维相互作用共同演化，推进经济社会发展新形态的高度概括。"互联网+"既可以视为优化和集成生产要素配置，提升现代经济创新力与生产力的新工具，又可以视为转变生产、经营、管理等方式的方法论。现代城市管理离不开"物联网""大数据""云计算"等现代信息技术的支撑，基于"物联网"技术能将大量的智能传感器实施网状对接及其对城市信息采集。通过与互联网的无缝对接，实现数据的实时共享与跨区域、跨系统的调用与集成，从而实现信息获取的实时化、精细化、系统化和智能化。随着城市管理数据的迅猛增长、多类数据分析并存，大数据依托云计算的分布式处理、分布式数据库和云存储、虚拟化技术，构建起能分散能集中式的收集、分析、反馈、处理数据的"大数据"构架，从而对规划发展、管理运作进行智能调整，对空间和环境的智能提出适应对策，对紧急事件进行智能预警与应对。

3. 集成互联网与创新 2.0 思维。互联网思维在城市管理中的应用是新一代信息技术与创新 2.0 不断发展的背景下，对整个城市生态系统进行重新审视，重构并简化城市管理流程的过程。如果说新一代信息技术的迅猛发展是城市实现智慧化管理的机遇，那么互联网思维则是抓住这一机遇，真正将城市智慧化管理从概念到实践的重要媒介。随着新一代自媒体与网络互动技术的发展，互联网平台凭借其开放、共享、共赢的思维特征，整合"碎片化"的公众意见，实现传统的线上线下城市管理体系的优化整合管理体系。并运用创新 2.0 思维，从"互联网+"与"创新 2.0"集成的视角，进行决策、计划、组织、指挥和控制等各项城市管理职能的高效实施[3]，进而创新城市管理流程、提高城市管理效率。

# 第三节 研究小结与政策启示

## 一、研究小结

"大数据""云计算""物联网"等新一代信息技术，正以惊人的速度影响甚至改变着

城市社会经济文化结构、人们的行为模式和思维方式，使现代城市及其管理日益复杂化。但"互联网+"不是简单的加减法，如何实现信息技术、互联网思维、城市管理要素等的高效融合，贯彻落实创新理念，优化城市管理体系，打造新时代的服务型政府，更好地为人民服务，才是城市管理创新的关键。政府应借助"云计算""大数据"等现代信息技术，促进技术、信息、知识及传统资源的融合，推进跨部门、跨行业、跨领域资源共享，丰富公众参与方式，满足公众多样化需求。本书通过对浙江省宁波市城市管理的创新实践分析，归纳了"互联网+"背景下城市管理创新的实践模式，该实践体现了以民为本、注重现代信息技术的有效应用、互联网与创新思维的高效集成等模式特征。

## 二、政策启示

城市管理模式创新是达成城市发展新目标的重要措施，本书通过对浙江省宁波市城市管理的创新实践分析，归纳出"互联网+"背景下城市管理创新的实践模式。该模式可以为各地因地制宜推进城市管理创新与高效运行，提升城市生活智慧性与宜居性，提供重要的政策启示和实践参照。研究表明，我国城市信息化水平存在明显的地域差异，城市管理创新应因地制宜地构建畅通的组织运行机制与广泛的公众参与机制。

1. 构建以人为本的城市管理协同机制。"互联网+城市管理"是在"互联网+"的背景下，运用"大数据""云计算""物联网"等新技术、互联网新思维和创新2.0理念，实现人与物联网、数据与思想的联网，进而实现资源的高度共享、快速分析与精准管理的一种以人为本、强化服务的城市管理模式。因此，应构建城市信息资源的整合开发利用机制，以及公共服务部门之间的协同机制，从而开发、整合、融合和利用各类城市信息资源，实现公共服务部门的横向协同与纵向联动，为城市主体提供及时、互动、高效的服务。

2. 让公众成为促进城市管理创新的重要力量。随着"互联网""大数据""云计算"等新一代信息技术的迅猛发展，创新2.0时代的知识社会逐步形成，人们的生活、学习与交流方式发生了巨大的变化，市民的利益诉求呈现出多元化的趋势，公众参与意识也逐步加强。公众参与是政府在城市管理中的有益补充，能推动了城市信息的公开与公众参与城市管理能力的提升[4]。应设计多样化的公众参与方式，抓住"互联网+"的时代机遇，完善公众参与机制，推进政府的信息公开方式的多元化与便利化，提升数据被使用的广度与频数，挖掘数据的深入价值，有助于增进政府与公众的良性互动。总之，城市管理是集监管与服务于一体的管理工作，是为了更好地为城市公民服务。因此，公众参与城市管理应成为推进城市管理民主化、智慧化、精细化发展的重要方式。

3. 城市管理模式创新要符合城市信息化水平。城市的信息化水平及其应用程度，是决定城市管理模式创新重点的主要因素。我国各地的城市信息化水平差别大，各地的城市管理模式创新要符合其信息化水平。根据陆小敏等（2014）的观点，城市的信息化水平按技术成熟度可分为准备期、发展期和成熟期[5]。信息化处于准备期的城市，城市管理创新应以信息化基础设施建设及各个领域的数字化和数据资源积累为主。信息化处于发展期的城市，城市管理创新应以信息化基础设施完善及各个领域的应用整合、联动为主，注重信息资源体系建设。信息化处于成熟期的城市，城市管理创新应以城市综合运行服务中心建设，以及以城市主体积极参与和个性化主动服务为特征的城市服务体系建设为主，注重知识网络的建设和价值挖掘。

注释

[1] 宋刚，邬伦. 创新 2.0 视野下的智慧城市[J]. 北京邮电大学学报（社会科学版），2012（4）：2

[2] 潘修华，龚颖杰. 社会组织参与城市社区治理探析[J]. 浙江师范大学学报（社会科学版），2014（4）：79

[3] 杨福颂. "智慧城市"建设需互联网思维[J]. 杭州，2014（3）：28

[4] 李杰义. 城市社会管理中政府主导与公民参与的互动机理[J]. 上海城市管理，2012（2）：38-39

[5] 陆小敏，陈杰，袁伟. 关于智慧城市顶层设计的思考[J]. 电子政务，2014（1）：21-22

# 第二十章 县域电子商务生态系统建设的路径探索与经验启示

2015年，李克强总理指出"大众创业、万众创新"实际上是一个改革，这个改革将创新的时代热潮作为解决经济社会困局、驱动新一轮发展的战略红利。李克强总理进一步指出要制定"互联网+"行动计划，推动"移动互联网""云计算""大数据""物联网"等现代信息技术与现代制造业结合。电子商务是现代信息技术与现代制造业结合的产物，将优化中国传统的城乡经济二元结构，让县域农村和落后地区能有机会以较低的成本参与到市场经济中来。发展电子商务是建设社会主义新农村、推进新型城镇化的重要途径之一。鼓励农民开展电子商务创业，有利于搞活农村市场、发展农村物流、促进农业经济发展、增加农民就业、提升农民生活品质、优化农村组织结构等事关新型城镇化与新农村建设的全方位课题。

2011年以来，浙江省深入贯彻落实"创新驱动""电商换市"战略，积极构建电子商务创业生态圈。为了促进农村电子商务的发展，浙江省出台了《浙江省农村电子商务工作实施方案》。该方案以坚持市场主导和政策推动相结合、示范带动和全面发展相结合、农产品进城和工业品下乡相结合的总体思路，以"电子商务进万村"工程为着力点，建成了全省农村电子商务服务平台、县级区域商品配送服务中心和1万个村级电子商务服务点，以打开县域农村电子商务的消费市场与贸易市场。同时，政府大力完善县域农村电子商务公共服务体系的，督促各项政策条款的落地，期望借助电子商务有效地突破市场、环保、资源、交通、人口等传统要素制约，通过财政、税收、融资、基建等方面政策的支持，鼓励农民开展电子商务创业，加快城乡一体化进程。

在"大众创业、万众创新"的背景下，县域电子商务生态系统建设成为协调推进新型城镇化与新农村建设的重要内容。基于此，本章试图将调研分析与对比分析相结合，具体采用实地调研、问卷调查、典型区域案例分析、数据分析等方法，以浙江省的桐庐、奉化、苍南、桐乡、义乌、遂昌6个县域为调查对象，对县域电子商务生态系统的建设实践进行分析，分析县域电子商务创业的外在需求、内在动因，并针对在"大众创业"的时代背景下县域电子商务生态系统建设提出对策建议及经验启示。

## 第一节 浙江省县域电子商务发展的调查分析

### 一、样本选取

在综合考虑浙江省入围"2013年中国电商百佳县"的49个县域的发展水平、地理位置以及产业特色等因素的基础上，选取了杭州桐庐、宁波奉化、温州苍南、嘉兴桐乡、金华义乌、丽水遂昌等6个县市作为实践调研对象。6个县市的电子商务综合发展水平较高，对周边地区尤其农村地区的辐射带动作用较为明显，但县域的发展缺乏平衡，尤其是县城与农村间电子商务发展水平存在较大的差距，案例的选取具有代表性。

## 二、数据收集

县域电子商务创业主体方面，主要围绕创业意向、创业生态等问题设计问卷，并针对农民进行问卷发放。访谈则分普通农民工与已开始创业的农民两部分，主要涉及创业意愿和创业经验等方面内容。政府方面，针对政府公职人员采取问卷加访谈的形式，就鼓励农民电子商务创业给予政策支持等问题进行调研。本研究共发放问卷1768份，有效回收1531份，有效回收的问卷中，农民卷1346份，占87.92%；政府卷185份，占12.08%。此外，共访谈16人，政府工作人员12人，占75%；农民工的访谈数量占25%，并与4名创业农民进行了多次深入访谈。

## 三、数据分析

调研发现，目前浙江省县域电子商务发展过程中，仍存在许多问题，主要表现为两个方面：一是县域尤其是农村经济环境下电子商务生态系统的不完善；二是农民自身电子商务创业能力不高，创业氛围不浓厚。这些问题的存在，将阻碍浙江省县域电子商务的发展。

1. 农民返乡创业成主力，县域公共服务待提升

农民返乡创业是县域经济社会发展的一支生力军，调查发现，有16.7%的受访农民没有返乡创业意愿或者返乡创业意愿较弱；71.1%的受访农民表示在一定条件下愿意返乡创业；其余12.2%的受访农民表示没有考虑好是否返乡创业。本研究将农民的受教育程度划分为四类，分别为小学、初中、高中或中专、大专及以上。调查发现，农民愿意返乡创业的人数比例随着其受教育程度而不同，在采访的具有中专及以上学历的农民工中，60%以上都愿意返乡进行创业。此外，有23.92%的受访农民表示，公共服务是影响其返乡创业的重要因素，其次是金融、财税等方面；有36.27%的受访农民表示，教育方面的服务如果能够得到有效改善，则愿意返乡进行电子商务创业。因此，进一步促进电子商务要在县域发展，形成"大众创业"的氛围，势必改善农村公共服务，吸引更多的农民参与其中。

2. 县域农产品畅销城市，城乡市场对接待完善

2013年，浙江农产品网络零售额近100亿元，同比增长70%以上，位居全国第一。农产品电商卖家累计3.7万家，位居全国第二位。此外，农村网络消费市场也日趋旺盛，2014年浙江农产品网络零售持续保持加快增长，实现全省网络零售额180亿元，较2013年增长80%。随着人们生活水平日益提高，越来越多的城市居民注重食品安全，对绿色有机产品有较大的需求。但是由于农民缺乏对市场需求的了解，导致农村绿色有机的农产品很难真正到达城市消费者手中，甚至出现了一些农产品滞销的现象。调查显示，浙江省县域绝大部分地区高速公路、乡村公路实现了村村通，农村宽带接入用户也呈现出了明显的增长趋势。但基础设施和互联网等必要条件仍然难以满足发展电子商务的需要，

导致农民不了解城市需求，存在诸多对接城市消费市场的障碍。

3. 农村宽带进万户，创业教育待强化

2013 年以来，浙江省以"宽带中国"战略为契机，积极组织协调各电信运营企业持续不断地推动城市宽带普及提速工程和加快农村电信网络基础建设。据国家统计局数据显示，2013 年浙江省城市宽带接入用户 702.3 万户，农村宽带接入用户 540.4 万户，农村用户占浙江省宽带接入用户 43.5%，且浙江农村宽带接入用户呈现明显的增长趋势。调查发现，虽然农村互联网普及率较高，但其大部分使用者利用互联网进行生活娱乐，90.02%的农民受访者大多将互联网资源用于生活娱乐（包括娱乐、购物等），不少农民也表示还在上学的孩子才是主要的互联网使用者。而且，农民对于电子商务还缺乏理性的认知，局限于传统的销售渠道进行营销，未能跟上时代的步伐。此外，不同地区的农民对电子商务的认识不平衡，离县城越近的农村对电子商务的认知度越高。

4. 物流网络遍农村，快递行业待发展

电子商务是一个"键盘+轮子"的交易，因此现代物流配送体系是农民电子商务创业的重要环节。据国家统计局数据显示，自 2010 年起浙江 100%的行政村已实现了通邮，2013 年全国农村投递路线 3 744 733km，浙江省农村投递路线长度为 179 220km，占全国投递路线总长度的 4.79%，且总体上呈现增长的趋势。但调查显示，只有 46.3%的农民受访者表示所在地区有其他快递公司，23.1%的农民受访者表示所在地区有能够充当物流方的电子商务服务点。不少受访农民表示存在邮费贵的问题，可见农村物流仍存在"最后一千米"的问题。因此，发展农村物流的关键是促进农村物流业多元化发展，降低农村物流费用。

5. 网上金融惠农村，农村居民待参与

资金是社会维持生产和再生产的"血液"，农民自身经济实力并不宽裕，自有资金难以满足创业需求，但移动互联网赋予农村金融破局的机会，成为解决县域电子商务创业项目发展资金需求问题的重要途径之一。为此，浙江省积极推进农村金融体系建设并开始推行农村互联网金融，例如，邮储银行浙江省分行先后推出了个人网银、手机银行、电话银行、电视银行、微信银行、微博银行、易信银行等线上电子渠道，与 ATM、CRS 为代表的线下电子渠道共同构成了电子银行服务网络，成为连接浙江城乡金融的重要通道。截至目前，邮储银行浙江省分行电子银行客户接近 600 万户，连续 3 年保持 30%以上的客户增长度；其中，80%的个人网银客户和 60%的手机银行客户为农村地区客户。互联网金融能够跨越地理鸿沟，突破网点的制约与农村用户建立联系，让农民能享受到便捷的支付、理财和各类金融服务的同时留下信用记录，信贷的风险评估就有了依据。但调查显示，农村地区使用互联网金融的用户主要集中在 80 后和 90 后，而这部分人自身的经济实力相对较弱。因此，要发展农村互联网经济，应发挥农村青年的带动作用继续鼓励更多的农村居民参与到互联网经济中来。

## 第二节　县域电子商务生态系统建设的实践探索

本研究选取浙江省六个县域电子商务生态系统建设的实践案例，分别从人才培养、投融资体系建设、物流与网络普及率、农村"带头人"示范效应以及政府政策支持等五个方面，分析县域电子商务生态系统的建设路径。

## 一、遂昌：网商示范引领的电子商务生态系统建设

遂昌依托于得天独厚的地方特色农业资源和传统产业，在本地化平台与服务商的驱动下有序运作，形成网商示范引领的县域电子商务生态系统发展的建设路径。

1. 政校企协同助力人才培养。2010 年，遂昌县人事局设立网店创业培训班，到 2014 年底，已经累计开展 10 多期，投入资金近 100 万元。遂昌赶街、遂网电子商务有限公司与浙江省人力资源与社会保障厅共同建立农村电子商务创业培训基地，开展创业指导等服务，有效地促进了更多农村劳动者在电商领域创业就业。

2. 发挥"赶街"模式示范效应。2013 年 6 月，遂昌建立了第一家村级电商服务站——赶街。赶街专注于农村电商的公共服务平台建设，独创了"县服务中心+村服务站"的赶街模式，成为行业的规则制定者和引领者。2015 年，赶街参与了农村电商行业标准的起草工作。

3. 强化县域政府政策扶持。2014 年《遂昌县加快农村电子商务发展实施意见》公布，决定对财政、金融、土地、税费等方面提供政策优惠。此外，政府专门建立了"扶持全民创业基金"，每年用于扶持网上创业的资金不少于 100 万元。

4. 加快投融资体系建设。遂昌的金融机构大力支持当地电子商务产业的发展，为创业者提供多元化的融资服务（如降低融资成本、加大信贷扶持力度、降低贷款门槛、简化贷款程序等），营造有利于电商产业健康发展的政策环境和舆论氛围，切实促进民间投资电子商务，激活并调动民间资本向电子商务产业流动。

5. 完善信息物流基础设施。交通运输、仓储和邮政业与电子商务高度关联。2010 年以来，遂昌县的交通运输、仓储和邮政业增加值实现了快速增长，从 1.05 亿提升到 2.32 亿，增长幅度超过 120%。此外，遂昌还加快了以宽带为核心的通信基础设施与交通运输、仓储和邮政业的建设。

## 二、奉化：承接城市传导的电子商务生态系统建设

奉化电子商务起步较晚、总体水平较低。奉化及其周边县镇依托于宁波的物流体系、人才等多方资源，逐步形成了承接城市传导的县域电子商务生态系统的建设路径。

1. 与城市接轨的人才培养。2014 年宁波市在《深入推进"电商换市"加快电子商务发展》中提出，要整合社会教育资源，确定一批培训机构和实践基地，通过大专院校、专业培训机构、电商企业和协会的合作，广泛开展电子商务知识普及工作，争取用 5 年时间在宁波市普及电子商务知识 50 万人次。同时，落实电子商务万人普及计划，鼓励开展就业前或再就业电子商务职业培训。

2. 筑巢引凤的"带头人"发展体系。奉化大力引进电子商务优秀领军人才、高端运营商和高级职业经理团队。同时，对获得中高级电子商务师或职业经理资格的，参照相关规定享受经费资助、住房补贴、落户居留、配偶就业、子女就学和医疗保障等优惠政策。

3. 实施"电商换市"战略。奉化财政安排不少于 60 万元资金，用于扶持电子商务

物流基地、物流运营商、物流平台项目以及物流公共基础设施建设等。并积极优化奉化电子商务配送体系的规划布局,引导和鼓励企业加大对电子商务物流配送行业的投资力度。

4. 依托宁波融资体系。2014 年,宁波市加大对电子商务的支持力度,整合相关部门资源,形成 3 亿元的专项发展资金规模。奉化政府安排专项资金,充分发挥资金的导向作用,切实优化电子商务创业环境。

5. 依托宁波物流系统。奉化依托宁波发达的物流体系,结合其自身优势,建设以商贸物流为核心,集聚配套服务业于一体的经济区,加速奉化与其他城市的接轨,把奉化打造成为特色型的综合性物流基地。处于城市圈"最佳成本空间"的奉化宁南贸易物流区,以其临近宁波的良好区位和环境优势,商贸物流业服务宁波、面向浙江并辐射全国。

### 三、桐乡:政策支持发展的电子商务生态系统建设

2014 年,世界互联网大会落户桐乡乌镇,为桐乡县域电子商务发展带来了新契机。

1. 携手专业平台。桐乡淘宝大学从推进知识下乡、搭建农村在线学习平台、培养农村淘宝讲师三个领域入手,开展了淘宝村电商人才培养计划;与淘宝天天特价合作,针对淘宝村卖家开展专场活动,如定期特色淘宝村推广、专门活动板块、地方政府联合推广等。

2. 引导青年人返乡创业。桐乡加强电子商务知识培训和政策引导,以返乡大学毕业生、大学生村干部、农村青年致富带头人、返乡创业青年和部分个体经营户为重点,积极培育一批农村电子商务创业带头人,从而发挥其在农村电子商务发展中的引领示范作用。

3. 发挥电商换市的政策导向。桐乡先后出台了《关于促进电子商务加快发展的政策意见(试行)》《深入推进"电商换市"拓市场加快电子商务发展的实施意见》和《桐乡市 2014 年"电商换市"工作实施方案》,从集聚发展、企业壮大、科研创新、人才培养、抱团参展和宣传以及进万村工程等方面给予支持和鼓励。

4. 建设基于互联网的投融资体系。一方面,桐乡通过政策支持和要素保障加快互联网金融的发展,努力把乌镇、桐乡打造成为中国金融创新的试验田,促进其金融体系的完善,打造一个良好的金融生态圈。另一方面,桐乡树立普惠金融的理念,加大对"三农"、初创、小微、科技型企业等市场主体的支持力度,促进桐乡互联网经济的协调可持续发展。

5. 完善物流体系。桐乡目前有货物运输户 3978 家,其中,市级物流龙头企业 2 家,省级物流龙头企业 1 家,拥有濮院和振东 2 个物流园区。2015 年 1 至 6 月桐乡货运量为560 万吨。在桐乡注册的快递企业 58 家,2015 年 1~6 月桐乡快递业务量为 1734.1 万件,占嘉兴总量的 29.6%,居嘉兴首位。

### 四、桐庐:民营物流驱动的电子商务生态系统建设

桐庐快递产业是电子商务发展的主引擎,为电子商务发展带来巨大效益。电子商务又促进快递业运作模式和经营形态的变革,推动了物流设施、技术和管理水平的提高。

1. 分层分类组织技能培训。为满足当地农民电子商务创业需求,桐庐陆续出台并实

施创业培训工程并研究制定了全年电子商务职业技能培训计划。同时，分层分类组织开展网上创业、SYB、IYB 等电子商务及相关职业技能培训。

2．支持小微电商企业的融资体系。为解决电商企业因缺少抵押担保而导致的融资难问题，桐庐电子商务协会与杭州民生银行桐庐支行经过磋商并授信达成战略合作协议，杭州民生银行桐庐支行为企业提供 1 亿元的授信额度，其中 5000 万为纯信用贷款，此举缓解了桐庐地区电商企业的融资难问题。

3．民营快递迅速发展的新环境。桐庐民营快递企业发展猛、范围广、业务量大、就业人员多，被称为"三通一达"的四家快递公司（申通、圆通、韵达、中通）以及汇通、天天等快递公司的发源地都在浙江桐庐县。桐庐快递公司运送全国近 80% 的包裹，桐庐也因此成为中国的"民营快递之乡"。

4．电子商务创业氛围的营造。桐庐人力资源和社会保障局积极为大学生创业搭建平台，鼓励大学毕业生以创业替代就业。为有创业想法的人提供良好的学习平台，营造了浓郁的创业氛围。

5．先导性的电商发展政策。桐庐政府把电子商务作为战略性、先导性的行业进行重点培育，不仅出台了"电商"扶持政策，建立了"电商"产业园，并与阿里巴巴达成了合作协议。

## 五、义乌：依托专业市场的电子商务生态系统建设

依托小商品专业市场和政府政策的有效引导，义乌电子商务生态系统的完善逐渐由政府推动向市场自动转化。

1．电商人才引进。短期而言，义乌企业主要采取高薪"挖人"、外地揽才等策略解决电商人才短缺问题；长期而言，义乌成立电商人才就业服务中心，并创新了先就业后付费的创新模式，催生了电商培训业的发展。

2．多样化融资方式。浙江泰隆银行（义乌）利用流水类贷款、保证金类贷款、国际业务贸易融资、承兑汇票等金融工具及手机贷款创新业务方式，为义乌电商企业提供资金解决方案与便捷服务。

3．依托专业市场的创业环境。义乌网商群依托发达的专业市场与物流体系，率先将 B2B 电子商务模式应用在对外贸易中，开启了国际贸易的新道路，义乌市场的优势与知名度也得到了提升。

4．营造创业氛围。在政府推动、民间组织主导的创新模式下，先后成立义乌网商协会、义乌电商人才服务站，并探索建立以义乌电商之家、义乌电商沙龙、义乌电商论坛等为主要内容的电商圈人士交流洽谈平台。同时，通过组织召开会议、讲座等方式分享经营电子商务经验，打造浓厚的电子商务创业氛围。

5．跨境电商出口的税收政策。义乌市政府实施适应跨境电子商务出口的税收政策，对符合条件的电子商务出口货物实行增值税、消费税免税或退税政策。同时，支持跨境电子商务出口企业正常收结汇，积极探索真实贸易背景下方便快捷的结汇模式。

## 六、苍南：制造业转型拉动的电子商务生态系统建设

苍南充分发挥电子商务的作用，拓宽商品销售流通渠道，改变产品生产方式，提高产品的档次和附加值，推动制造业的转型升级。

1. 校企培训交流与人才培训计划。苍南县电子商务协会组织培训学校与企业进行"校企人才合作交流会"，帮助企业更好地招聘人才。此外，制定了电商人才培训计划，并在苍南县东方职业培训学校正式启动，培训期间费用全免，同时聘请有实战经验的老师长期系统性授课。

2. "电商贷"等新融资体系。苍南农商银行针对电商融资难问题，推出了"电商贷"活动，即审查后当天放贷，额度不封顶，贷款利率享受同等优惠。同时，为企业提供了支付宝商务通、网银、手机银行等服务，帮助企业快速回笼资金，方便其与上、下游企业进行资金结算。

3. 4G 网络新环境与物流平台。全国首批、全省首个 4G 网络率先在苍南开通，加快推进了苍南县"光网城市""无线城市"建设。另外，苍南已基本建成物流园区、物流中心、配送中心、农村物流站点等 4 个层次的物流平台，成功打造了网商创业园。

4. 带头人示范效应。苍南试行《苍南县网络经济示范领军企业、知名网站和领军人物评选认定办法》，在全县范围开展"苍南县网络经济领军企业""苍南县网络经济知名网站"和"苍南县网络经济领军人物"评选，优化改善网络经济发展环境，树立网络经济典范。

5. 支持网络经济的针对性政策扶持。政府大力鼓励发展电子商务，将网络经济视为第一产业。县政府组织成立了苍南县电子商务协会，并出台了扶持电子商务发展的"1+X政策"。在财政、税收、用地、融资和市场准入方面，对培育壮大网络经济主体、规划建设网络经济集聚区、优化改善网络经济发展环境等进行有针对性的扶持。

# 第三节　县域电子商务生态系统建设路径总结

中国经济的结构性改革以创新创业为引擎，县域经济的发展以农民电子商务创业为契机，但县域电子商务发展瓶颈也日益凸显。浙江省积极探索以农民电子商务创业为举措的县域电子商务生态系统建设路径，表现出如下特征：

## 一、以民为本，注重创新创业教育与创业能力建设

农民电子商务创业的成功与否归根到底是人才的培育，我国农村有大量的劳动力，如何将人力资源转变为人才资源是县域电子商务发展的关键。现有县域农村经济的发展模式主要是传统的交易方式，信息不对称、交易范围小。浙江省县域电子商务发展是从传统交易方式到互联网贸易模式的变迁，是从传统的信息渠道到多样化信息来源的变革，是从分裂的城乡市场到城乡需求的对接，是从普通农民到电子农民的升级，是从外出打工到返乡创业的转变。实现创业意愿到创业者行动的根本是开展创新创业教育，农民电

子商务创业绝非简单地将农民引回农村，电子商务创业的开展不可避免的要做好农民的创新创业教育工作。在这一过程中，如何营造良好的创业氛围、培育农民的创业技能，将农民的创业意愿转变为创业行为，是农村电子商务是否能够顺利发展的决定性因素。浙江省县域农村电子商务发展的最终目的是，以民为本，注重农民的创新创业教育，满足农民和农民致富的诉求。

## 二、城乡传导，促进县域电子商务体系完善

浙江省以电子商务进万村工程引领县域电子商务创业生态系统的完善，积极推进城乡间各要素的传导，促进人才、技术、资金、服务、需求要素在农村进行延伸发展。浙江省坚持特色县域的发展思路，因地制宜，稳步推进农村电子商务的发展。积极推进农村金融体系的完善、农村物流体系的完善、农村市场的开发、农村信息化程度的提高，并将引进人才与内部培育相结合，将第三方运营平台的引入与自主建设相结合。实现了农村电子商务产业链的优化，培育了农民电子商务创业技能，为农民致富提供新路径，为县域经济发展提供新契机。

## 三、政府催化，建设县域电子商务创业生态系统

县域电子商务发展还处于初级阶段，在"政府引导、市场推动、群众受益、企业行为"理念中发展。浙江省逐步优化"电商换市"政策环境，积极实施"电商换市"战略，日渐完善县域电子商务发展产业配套，营造县域电子商务发展氛围，搭建农村供应链公共服务平台，快速有效推动浙江省坚持特色县域的发展，因地制宜地稳步推进县域电子商务的发展。在电子商务发展和鼓励农民电子商务创业方面，展示出强大的宏观规划和指导作用。电子商务特有的创新、拓展服务、广泛参与、降低价格等特征，又要求电子商务的发展应以市场为驱动。因此，政府参与县域电子商务活动应"有所为有所不为"，避免对电子商务的不当限制，明确企业和电子商务创业者在电子商务市场中的主导地位。浙江省本着"有所为有所不为"的原则，在农民电子商务创业生态完善方面发挥着重要作用，借助电子商务这种新兴生产力，实现就地城镇化进程中迈出了更实际的一步。

## 四、抱团发展，促进县域相关产业集聚与品牌化发展

我国的地方电子商务发展到一定的规模和数量，不能再一味追求量的扩张，而应转向"质"的提升。浙江省在推进县域电子商务发展过程中，尊重经济社会发展规律，不断促进当地创业散户的协调发展、抱团发展，推动当地形成特色产业集聚，以降低成本。品牌打造在促进当地产业做大做强中的作用不可或缺，提升产品的质量或服务势必成为产业走品牌化道路必不可少的环节。浙江省通过培育一批优秀企业，加强农村企业与大电商的合作等方式，提高了产品的成交量，为建设地方品牌提供了新动力。

## 第四节　研究小结与经验启示

对浙江省 6 个县城的调查研究发现，在信息网络技术迅猛发展的条件下，创业人才、市场需求、信息网络、基础设施与相关产业的城乡传导更为便捷，为县域电子商务创业发展带来了外在动力。进一步推进城乡传导的具体路径包括：建立有效的创业人才引育机制，引导农民返乡电子商务创业；对接城市居民需求，设计农产品跨地域适销路径；优化农村信息化网络，培育农民电商创业素养；满足农民创业的公共需求，有序推进农村基础设施建设；推进农村物流产业发展，完善相关产业链；加强"普惠金融"理念宣传，发展农村互联网金融等。

研究发现，浙江省探索出了以提升农民电子商务创业能力为战略重点的县域电子商务创业生态建设的经验模式，这一模式表现出如下基本特征：以民为本，注重创业能力提升；城乡传导，促进县域电子商务体系完善；政府催化，建设县域电子商务创业生态系统；抱团发展，促进县域相关产业集聚与品牌化发展。从而为全国其他县域在经济转型升级、加快实现城乡一体化等方面提供了参考借鉴与经验启示。

### 一、以发展电子商务为手段，推进"大众创业"在县域持续发展

2014 年夏季达沃斯论坛上，李克强总理提出"大众创业，万众创新"，2015 年两会上又将其写进政府报告，在全国掀起"草根创业""人人创新"的新浪潮，形成"大众创业、万众创新"的新局面。然而，我国城乡发展不平衡，县域地区在经济发展过程中长期处于落后态势，且农民就业难的问题也日益凸显，亟须寻找解决的途径。电子商务具备成本低、门槛低等特点，非常适合农民创业。农民电子商务创业顺应了"大众创业、万众创新"的社会经济发展新趋势，加快发展新型创业服务平台，营造良好的创新创业生态环境，是加快实施创新驱动发展战略，适应和引领经济发展新常态的重要举措，对于激发全社会的创造活力，带动经济发展具有重大意义。因此，鼓励农民电子商务创业可以推进大众创业在县域持续发展。

### 二、以政府为主导，推进县域电子商务创业生态建设

县域电子商务发展需要由政府政策来引导，县域政府应深刻认识到电子商务创业的可行性，形成对未来社会发展趋势的正确认识，认清并抓机遇。在传统产业中大规模推广电子商务应用，并加强对推广工作的指导，积极响应"草根创业"的号召，调整政策导向，打造适宜于电子商务发展的生态系统。这有利于带动农民创造财富、解决农产品滞销问题，实现就地城镇化。具体举措为：完善公共服务、土地制度、城乡统一规划格局、金融体制、财税体制、公共资源配置等，不断挖掘农村地区对电商的需求，开展创业示范工程，充分发挥电商领头人作用，营造浓厚的农民电子商务创业氛围等。

### 三、借鉴城市成熟电子商务模式，推进县域电子商务跨越式发展

我国经济发展不平衡，县域农村发展相对落后，在县域进行电子商务创业并非易事；而城市是开放型的、多功能的、社会化的经济综合体，从而产生电子商务的城乡传导效应。以城市为依托，按照城乡一体、协调发展、互惠互利、共同富裕的原则，依靠城市的优势，通过人才、需求、基础设施建设、物流、资金等要素的城乡传导，引导农民在县域地区依靠电子商务创业。推进县域电子商务跨越式发展，除了参考借鉴城市成熟的电子商务模式，还应建立在对本地创业生态系统的理性分析上，注重因地制宜，做到既要总结推广其他县域的成功实践，又要认真探索出具有本地特色的新模式。

### 四、以电子商务创业教育为内容，推进农民电子商务创业能力提升

当前，我国农民文化水平较为低下，农民电子商务创业意识比较薄弱，必须加强对农民的电子商务创业教育以推进农民电子商务创业能力提升，提升农民电子商务的创业绩效。农村电子商务创业教育不仅对农民进行电子商务理论知识的培训，还注重对其创新精神、创业意识及创业技能的培养。通过政府、各类电子商务协会提供农村电子商务创业培训机构、展开创业指导等服务，促使更多农村劳动者在电商领域实现创业就业。建设可持续发展的电子商务创业生态系统，营造浓郁的创业氛围，进行农民电子商务创业教育以提升农民电子商务创业技能。

总之，浙江省以农民电子商务创业激发大众创业的浪潮，推进县域电子商务生态系统完善的经验，对我国东部地区农村电子商务发展、广大中西部地区发达县域电子商务产业发展，具有重要的推广应用价值。我们既要总结推广发达区域电子商务发展过程中典型的做法与经验，又要因地制宜地认真研究各地电子商务发展过程中出现的新问题，走具有地方特色的县域电子商务生态系统建设道路。

# 参 考 文 献

Baumgardner，J. R.. The division of labor，local，markets，and workers organization[J]. Journal of Political Economy，1988，96：509-527.

Becker，G. and Murphy，K..The division of labor，coordination costs，and knowledge[J]. Quarterly Journal of Economics，1992，107：137-160.

Charles，G. The case for bureaucracy：A pubulic administration polernic[M]. Chatham，House Publishers，1983.

Douglass，M.. Rural-urban linkages and poverty alleviation：towarda policy framework[M].International Workshopon Rural-Urban Linkages，Curitiba，Brazil，1998.

Du，Y.F.，Jiang，G.J.，Li，S.R.. Industrial vertical definition[J]. Journal of System Science and Information，2004，（2）：389-394.

Falk，Richard. Governance without government：Order and change in world politics（Book Review）[J].The American Political Science Review，1993，87，（2）：544-545.

Fan，K.，Fan，Li，J.，Li，H.，Liang，X.，Shen，S.，Yang，Y..ESLRAS：A lightweight RFID authentication scheme with high efficiency and strong security for internet of things [A]. Intelligent Networking and Collaborative Systems，2012，（9）：323-328.

Fei，C.H.and Ranis，G. A Theory of economic development[J]. American Eeonomic Review，September 1961：45-78.

Flanagan，R.，Norman，G.. Risk management and construction[M]. Blackwell Scientific Publications，1998，69-106. 107-120. 153-179.

Fujita，M.，Krugman，P.，Venables，A. J.. The spatial economy：Cites，regions，and international trade[M]. MIT Press，Cambridge MA，1999.

Gentry，Vellenga. Using logistics alliances to gain a strategic advantage in the marketplace[J]. Journal of Marketing Theory and Practice，19964：37-43.

Geunes，J.，Pardalos，P. M.. Network optimization in supply chain management and financial engineering：An annotated bibliography[J]. Networks，2003，42（2）：66- 84.

Hirschman，A.O.. The Strategy of economic development[M]. Yale University Press，1958：212-235.

Hughes，O.E.. Public administration and administration[M]. Published by Palgrave Macmillan，2003.

Hymer，S.. International operations of national firms：A study of direct foreign investment[D]. MIT Press，Cambridge，MA，1960.

James，S.. Trieschmann and Gustavson，G.. Risk management & insurance. South Western Pubishing，1995.10-28.

Jong，M.K.，Choonjong，K.，Youngho，C.，Chang，O. K.. Adaptive product tracking in RFID-enabled large-scale supply chain [J]. Expert Systems with Applications，2011，38（3）：1583-1590.

Lucas，R. E.. Life earnings and rural-urban migration[J]. Journal of Political Economy，2004，112，（1）：29-59.

Lynch，Keller and Ozment. Effects of logistics capabilities and strategy on firm performance[J]. Journal of Business Logistics，Special Section，2000，21（2）：47-67.

McGee，T. G. The Emergence of megaurban regions in Asia：A research proposal[M].University of British Colombia（Unpublished Manuscript），1989：125-156.

Myrdal，G. Economic theory and undeveloped regions[M]. Duckworth，1967：134-158.

Poncet，Sandra. A Fragmented China：Measure and determinants of Chinese domestic market disintegration[J]. Review of International Economics，2005，（13）：29-30.

Porter，M. E.. Clusters and the new economics of competition[J]. Harvard Business Review，Nov-Dec，1998：77-79.

Romer，P.. Increasing returns，specialization，and external economies：Growth as described by allyn young[J]. American Economic Review，Papers and Proceedings，1987.

Stohr，W. B.，Taylor F.. Spatial equity：Some antitheses to current regional development strategy[A]. In Folmer，Oosterhaven，eds. Spatial inequalities and regional development[C]. Leiden：Nijhoff，1978：1917-1919.

Venables，A.. Equilibrium locations of vertically linked industries[J]. International Economic Review，1996，37（2）：341-359.

阿瑟·刘易斯. 经济增长理论[M]. 周师铭，沈丙杰等译. 北京：商务印书馆，1998：1-19.

埃比尼泽·霍华德. 明日的田园城市[M]. 金经元译. 北京：商务印书馆，2006：65-89.

卜晓军. 我国城乡公共服务均等化的制度分析[D]. 西安：西北大学博士学位论文，2010.

蔡昉. 城乡收入差距与制度变革的临界点[J]. 中国社会科学，2003，（5）：16-26.

曾菊新. 现代城乡网络化发展模式[M]. 北京：科学出版社，2001.

陈鸿彬. 城乡统筹发展定量评价性指标体系的构建[J]. 地域研究与开发，2007，（2）：62-65

陈建军，陈国亮，崔春梅等. "十二五"期间浙江在长三角区域一体化发展中的战略研究[J]. 江淮论坛，2010，（2）：26.

陈善毅. 我国现代农业的风险管理[J]. 皖西学院学报，2003，19（1）：47-49.

陈锡文. 关于建设社会主义新农村的若干问题[J]. 理论前沿，2007，（1）：5-11.

陈迅，尤建新. 新公共管理对中国城市管理的现实意义[J]. 中国行政管理，2003，（2）.

陈甬军，徐强. 产业集聚的稳定性与演变机制研究[J]. 东南学术，2003，（5）：65－72.

楚永生. 农民收入增长的障碍：农村公共物品的供给不足[J]. 中州学刊，2004，（5）：

51-53.

戴化勇，冷建飞. 基于产业链的农产品价值链管理[J]. 农场经济管理，2004，（3）：20-21.

董超，张洁. 信息技术与集成化供应链管理[J]. 物流技术与应用，2001（3）：10-12.

董嘉明，庞亚君，王琳. 准确把握新型城市化的内涵与特征——浙江新型城市化评价体系研究.www.zjeco.com.cn/zjzz/sanji.asp?id=001371.2008.

董智汉. 市场经济条件下我国农业风险管理实施的战略意义[J]. 湖北社会科学，2003，06：72-73.

杜宁，赵民. 发达地区乡镇产业集群与小城镇互动发展研究[J]. 国际城市规划，2011，（2）：28.

杜旭宇. 中国农民的市场主体权益及其保障[J]. 云南社会科学，2005，（2）：72-76.

樊纲. 加快城市化进程的步伐，促进国民经济稳步发展[N]. 中国经济信息，2003.

费孝通. 小城镇再探索[N]. 新华日报，1984 年 5 月 2 日第 4 版.

甘敏. 成都平原中心镇建设研究[D]. 成都：四川大学硕士学位论文，2007：47-50.

工业化与城市化协调发展研究课题组. 工业化与城市化关系的经济学分析[J]. 中国社会科学，2002，（2）：47.

龚勤林. 产业链接通的经济动因与区际效应研究[J]. 理论与改革，2004，（3）：105-108.

龚勤林. 产业链空间分布及其理论阐释[J]. 生产力研究，2007，（16）：106-107，114.

龚勤林. 区域产业链研究[D]. 四川大学博士论文，2004：71.

顾建键等. 政府社会管理方式创新的对策研究[J]. 科学发展，2011（2）：88-99.

顾益康. 统筹城乡发展，全面推进社会主义新农村建设[J]. 中国农村经济，2006，（1）：18-20

顾益康. 统筹城乡经济社会发展加快农村全面小康建设[J]. 农业经济问题，2003，（4）：9-14.

国风. 改造传统经济[M]. 北京：经济科学出版社，2006：31.

韩东东，施国洪. 供应链管理中的风险防范[J]. 工业工程，2002，5（3）：37-41.

洪银兴. 工业和城市反哺农业、农村的路径研究——长三角地区实践的理论思考[J]. 经济研究，2007，（8）：13-20.

胡厚国，徐涛松. 中心镇培育为小城市的途径与对策[J]. 小城镇建设，2008，（1）：29-32.

华建玲. 当前城乡公共服务均等化改革障碍及化解途径[J]. 知识经济，2014（14）：65-66.

黄静，周宇. 基层社会管理的社会协同问题研究[J]. 成都行政学院学报，2011（1）：21-23.

金逸民，乔忠. 关于小城镇产业发展问题的思考[J]. 中国人口. 资源与环境，2004，（1）：63.

景普秋. 中国工业化与城镇化互动发展研究[M]. 北京：经济科学出版社，2003：47.

李杰义，郑文哲. 城乡养老服务机制的市场潜力与障碍破解[J]. 上海城市管理，2014（3）：14-17.

李杰义. 农业产业链城乡间延伸的机理及政策建议[J]. 中州学刊，2009（3）：67-68.

李玲芳，徐思远，洪占卿. 农村电子商务：问题与对策[J].中共福建省委党校学报，2013，（5）：5-6.

李凌，卢洪友. 城乡代表性基本公共品的多重结构：义务教育、医疗卫生与养老保险[J]. 改革，2008，（6）：85-86.

李仁彬. 以区域中心镇为重点着力推进我市城乡一体化[J]. 中共成都市委党校学报，2004，（5）：47-48.

李晓阳 王钊. "以工补农"的内涵规范及其政策建议[J]. 改革，2006，（2）：69-70.

李志强，雷海章. 模糊聚类：中东部地区城乡统筹水平的分类与比较[J]. 农业技术经济，2006，（1）：30-34.

林华桂. 中心镇规划和建设的实践与思考[J]. 广东科技，2008，（7）：65-67.

林毅夫. 落实社会主义新农村建设的五点建议[J]. 金融经济，2006，（7）：15-16.

刘斌. 产业集聚竞争优势的经济分析[M]. 北京：中国发展出版社，2002：68-72.

刘斌. 产业集聚竞争优势的经济分析[M]. 中国发展出版社，2002：12-13.

刘贵富. 产业链研究现状综合述评[J]. 工业技术经济，2006，（4）：9.

刘洁. "三农"发展是构建社会主义和谐社会的关键[J]. 现代农业，2007，（2）：30-31.

刘亭. "十二五"空间结构优化的重点与建议[J]. 政策瞭望，2010，（6）：29-30.

刘维. 我国农村电子商务物流配送模式初探[J]. 农村经济与科技，2013，（9）：7.

陆国庆. 衰退产业论[M]. 南京：南京大学出版社，2002：40.

陆杰华，王笑非. 我国城市居家养老照护体系的时代创新[J]. 上海城市管理，2013（4）：12.

罗伯特·霍尔茨曼，理查德·欣茨.21世纪的老年收入保障：养老金制度改革国际比较[M]. 北京：中国劳动社会保障出版社，2006：46.

罗淳，武友德. 小城镇大作为[M]. 光明日报出版社，2009：34-38.

马骁. 中心镇建设存在的主要问题及对策[J]. 小城镇建设，2008，（1）：93-96.

迈克尔·波特. 竞争优势[M]. 北京：华夏出版社，2001：20.

倪燕翎，李海婴，燕翔. 供应链风险管理与企业风险管理之比较[J]. 物流技术，2004（12）：40-42.

芮绍阳，方同义. 程序民主：我国社会主义民主建设的路径选择[J]. 浙江师范大学学报（社会科学版），2011，36（1）：84-88.

邵西梅. 农业人口集聚与小城镇化——新泰市坟南镇小城镇建设的实证分析[J]. 江西农业学报，2006，（3）：179.

沈延生. 中国乡治的回顾与展望[J]. 战略与管理，2003，（1）：52-66.

沈正平，邵明哲，曹勇. 我国新旧城区联动发展中的问题及其对策探讨[J]. 人文地理，2009，107（3）：20.

盛会莲. 试析唐五代时期政府的养老政策[J]. 浙江师范大学学报（社会科学版），2012

（1）：46.

汤黎路. 加快培育浙江中西部中心城市[J]. 求是杂志，2002，（14）：63-64.

田毅鹏. "过密社会"视域下城市社会管理的误区和盲点[J]. 探索与争鸣，2011（2）：17-19.

佟光霁. 闭锁与破解：中国城镇化进程中的城乡协调研究[M]. 北京：科学出版社，2010.

王发明，蔡宁. 工业发展与生态建设协调进行的对策研究：以浙江为例[J]. 工业技术经济，2008，（8）：14-15.

王国才. 供应链管理与农业产业链关系初探[J]. 科学学与科学技术管理，2003（4）：48.

王景新. 现代化进程中的农地制度及利益格局重构[M]. 北京：中国经济出版社，2005.

王祥瑞. 产业链过窄过短是农业增效农民增收的最大障碍[J]. 农业经济，2002，（9）：28-29.

王艺，王耀球. 构建新型农业产业链[J]. 中国储运，2004，（5）：31.

王志龙，白庆华. 构筑一体化的电子政府[J]. 现代城市研究，2002，（2）.

吴康，方创琳. 新中国60年来小城镇的发展历程与新态势[J]. 经济地理，2009，29（10）：1610.

吴丽丽，徐充. 中国城乡公共资源均衡配置的制度探析[J]. 北方论丛，2014（2）：143-147.

吴勇杰，颜佳玲. 基于农村电子商务环境下的物流模型研究[J]. 物流工程与管理，2013，（3）：4.

吴子稳，田黎，傅为忠，袁建明. 基于农产品供应链的农业产业化经营研究[J]. 农村经济，2007，（1）：21-23.

肖芬，刘西林，王军. 煤炭矿区产业链延伸影响因素的实证研究[J]. 软科学，2009，（1）：61.

谢慧明，沈满洪. 生态经济化制度和区域发展协调性[J]. 浙江社会科学，2011（8）：17

休斯. 公共管理导论[M]. 北京：中国人民大学出版社，2001.

徐晓林. "数字政府"：城市政府管理的革命[J]. 中国行政管理，2001，（1）：17-20.

徐新清. 农村综合改革背景下县级政府的保障体系构建[J]. 浙江师范大学学报（社会科学版），2013（1）：58.

许明. 小城镇主导产业发展战略研究. 市场周刊（理论研究）[J]，2008，（3）：111-112.

晏群. 关于"中心镇"的认识[J]. 小城镇建设，2008，（1）：33-34.

杨国才. "以工促农"传导机制的整合及其政策建议[J]. 改革，2007，（5）：72.

杨红芬，吕安洪. 供应链管理中的信息风险及对策分析[J]. 商业经济与管理，2002（2）：10-15.

杨宏翔. 中心镇：新农村建设的发展极[J]. 广西社会科学，2007，（11）：5-8.

杨俊青. 西方古典与新古典学派的二元经济理论评析——建立适合我国二元经济转

换理论的理论扬弃[J]. 山西财经大学学报（高等教育版），2005，（3）：61-66.

杨振宁. 城乡统筹发展与城镇化关系的实证研究——基于安徽省的数据[J]. 农业经济问题，2008，（5）：49-54.

姚迈新. 社会管理中的协同治理：从理论反思到现实观照[J]. 中共成都市委党校学报，2011（2）：17-22.

叶玉琴. 农业产业化经营中龙头企业价值链的构建及管理探讨[J]. 农村经济，2005，（11）：38.

尤建新. 现代城市管理学[M]. 北京：科学出版社，2003.

袁中金，刘君德. 中国中心镇镇区人口规模研究[J]. 城市规划，2004，（6）：56-59.

张晨岳. 县域电子商务发展现状分析及对策建议——以浙江省德清县为例[J]. 经济研究导刊，2014，（10）：46-47.

张桂华，孙军，谢素艳，阴惠义. 构建城乡养老服务体系的对策研究——以大连市为例[J]. 农业经济，2013（3）：96.

张华，梁进社. 产业空间集聚及其效应的研究进展[J]. 地理科学进展，2007，26（2）：14-24.

张永霞. 美国农业风险管理[J]. 世界农业，2005，312（4）：32-34.

章政. 上海市郊区小城镇产业发展模式研究[J]. 农业经济问题，2005，（9）：41.

赵宝廷，付连捷. 城乡公共服务均等化过程中的政府行为研究[J]. 内蒙古社会科学（汉字版），2014（1），106-109.

赵绪福，王雅鹏. 农业产业链的增值效应与拓展优化[J]. 中南民族大学学报（人文社会科学版），2004，（4）：107-109.

郑文哲. 中心镇：城乡一体化的战略节点[N]. 光明日报，2012年7月4日.

郑新立. 关于社会主义新农村的几个问题[J]. 农业经济问题，2006，（1）：11-16.

周天勇. 托达罗模型的缺陷及其相反的政策含义——中国剩余劳动力转移和就业容量扩张的思路[J]. 经济研究，2001，（3）：76-84.

周玉新. 低碳经济时代转变农业经济发展方式探析[J]. 农业经济，2010，（4）：3.

朱毅华. 农产品供应链物流整合实证研究[D]. 南京：南京农业大学博士学位论文，2004：47-49.

诸大建. 城市管理：上海面向21世纪的战略性课题[J]. 同济大学学报，2001（3）.

诸大建. 管理城市发展[M]. 上海：同济大学出版社，2004.

左两军，张丽娟. 农产品超市经营对农业产业链的影响分析[J]. 农村经济，2003，（3）：31.